정보사회의 윤리와 현실

# 정보사회의 윤리와 현실

이진로 지음

도서출판 시간의물레

| 프롤로그 |

    소셜미디어와 스마트 미디어의 등장 이후 정보사회의 양면성이 더욱 확대되고 있다. 긍정적 측면은 사이버 공동체에서 누구나 손쉽게 다른 사람과 연결되고, 정보의 생산과 가공, 유통, 소비가 자유롭다는 점이다. 바야흐로 풍요로운 정보 생활이 보장되는 정보 유토피아(utopia)시대가 전개될 것으로 전망된다.
    하지만 현실은 그렇지 않다. 타인을 배려하지 않을 경우 소외감을 낳고, 욕설과 비방은 피해자의 심리적 상처를 넘어 좌절감을 낳기도 한다. 인터넷 이용자 스스로 온라인 정보와 오락에 탐닉하여 중독에 빠질 경우, 자신의 정상적인 삶이 어려워지고 타인에게 피해를 주기도 한다. 타인의 정보를 불법적으로 입수하고 악용하여 금전적 손실을 끼치는 온라인 범죄는 개인의 인권과 재산은 물론 사회의 안전을 위협한다. 따라서 정보사회가 디스토피아(dystopia)라는 탄식이 나오는 것도 과언이 아니다.
    정보사회는 그 자체로 우리에게 선도 악도 아니다. 우리가 정보사회를 어떻게 받아들이고, 가꾸어 나가느냐에 따라 나타나는 거울과 같다. 우리가 정보사회의 엄청난 가능성과 부작용에 주목하여, 인터넷으로 연결된 미디어를 신중하게 자율적으로 사용하고, 타인을 배려하고, 존중하고, 평화를 지향한다면 길몽이지만, 스스로 절제하지 않고, 타인에게 심리적·신체적·재산적으로 피해를 주고, 사회의 갈등을 심화시키는 데 악용한다면 악몽이 되기 때문이다.

정보사회의 윤리와 현실을 이해하는 것은 마치 도로에서 자동차를 운전하기 위해 면허를 취득하는 것과 같다. 운전면허증은 자동차 운전에 필요한 기술과 더불어 보행자의 안전을 우선하고, 교통 소통이 원활하도록 신호를 지키고, 소방차와 구급차에게 통행 우선권을 양보하고, 스쿨존(school zone)에서는 30km 이하의 저속으로 운전한다는 규칙과 상식을 숙지하고 있음을 말해준다. 마찬가지로 인터넷·소셜미디어·스마트미디어에 접속하는 순간 우리는 자신이 필요한 정보를 찾는 능력과 더불어 잘못된 정보를 구별하여 수용하고, 인터넷에 중독되지 않고, 타인을 배려하고, 해킹 피해를 예방하고, 정보 생산과 유통, 소비에서 사회를 건강하게 이끄는 정보 윤리를 떠올리고 지켜야 안전하고 행복한 정보사회를 향유할 수 있다.

이 책은 정보사회 윤리의 주요 이슈를 설명하고, 현실에서 적용되는 법적 근거와 피해 구제 방안 등을 포함했다. 독자 제위께서 정보사회의 윤리를 이해하고 실천하는데 도움이 되길 바란다. 끝으로 이 책의 출판은 2017년 영산대학교 교내연구비의 지원을 받아 수행되었음을 밝힌다.

2017년 12월

이진로

## 차례

**프롤로그**

**1장 정보사회에서 윤리의 중요성** ········· 9
    1. 디지털 사회 / 10
    2. 통계로 보는 디지털 사회의 현황 / 11
    3. 정보사회의 문제점 / 17
    4. 정보사회 윤리 / 18

**2장 정보사회와 사이버 공동체** ········· 23
    1. 사이버 공동체의 형성과 확대 / 24
    2. 정보사회와 집단행동 / 26
    3. 정보사회의 언론 활동 / 33

**3장 정보사회의 문화와 기술** ········· 37
    1. 정보사회의 문화 / 38
    2. 정보사회의 기술 / 42

**4장 정보사회와 네티켓** ········· 55
    1. 정보사회의 예절 / 56
    2. 네티켓 / 61

5장 정보격차와 웹 접근성 ······················································ 73
    1. 정보격차 / 74
    2. 웹 접근성 / 81

6장 인터넷 중독 ······································································ 87
    1. 인터넷 중독 / 88
    2. 인터넷 중독의 유형과 과정 / 90
    3. 인터넷 중독의 진단 / 95
    4. 인터넷 중독 예방 / 99

7장 불법 유해 정보 ································································ 103
    1. 불법 유해 정보 / 104
    2. 불법 유해 정보의 처리 / 109
    3. 불법 유해 정보의 차단과 청소년 보호 / 111

8장 사이버 범죄 ······································································ 123
    1. 사이버 범죄의 정의 / 124
    2. 정보통신망 침해 범죄 / 124
    3. 정보통신망 이용 범죄 / 127
    4. 불법콘텐츠 / 133
    5. 사이버 폭력 / 137
    6. 사이버 범죄의 대응과 예방 / 141

9장  정보사회의 저작권 ·················································· 151
    1. 저작권의 개념과 종류 / 152
    2. 저작권의 관리와 제한 / 155
    3. 저작권 침해와 구제 / 158

10장  개인정보보호 ······················································· 167
    1. 개인정보의 개념 / 168
    2. 개인정보의 수집과 침해 / 172
    3. 개인정보보호 방안 / 179

11장  정보보안 ······························································ 197
    1. 정보보안의 형태 / 198
    2. 해킹과 대응 방안 / 199
    3. 악성코드와 대응 방안 / 202
    4. 랜섬웨어와 대응 방안 / 205

    참고문헌 / 210
    찾아보기 / 214

# 1장

# 정보사회에서 윤리의 중요성

1장에서는 정보사회의 특징과 윤리의 중요성에 대해 알아본다. 디지털 기술은 정보와 지식의 획득과 공유를 편리하게 만들면서 디지털 사회를 열었고, 시민이 정보를 통해 민주주의를 실천하는 정보 민주주의의 가능성을 확대했다.

정보사회에서 개인은 정보를 활용하되 피해를 예방하고, 줄여야 한다. 정보사회의 문제점인 명예훼손, 정보과잉, 집단 괴롭힘과 따돌림, 통제와 감시 등을 극복하기 위해서는 상대를 존중하고, 피해를 예방하는 인터넷 윤리의 확립이 요구된다.

정보사회 윤리의 주요 기능은 예방·처방·책임·조정 기능 등이고, 윤리를 구성하는 원리는 존중·자율·정의·피해방지 등이다.

# 1. 디지털 사회

디지털 사회에서 사람들은 컴퓨터와 통신 기술의 발달에 따라 인터넷으로 연결되어 정보와 지식을 획득하고, 공유한다. 디지털화는 모든 형태의 정보를 컴퓨터로 쉽게 조작, 처리하기 위해 0과 1로 변환시킨다. 이에 따라 문자·그래픽·영상·음성 등 복잡한 정보가 비트(bits)로 변환되어 효율적으로 호환 처리되고 인터넷을 통해 대량으로 안전하게 전송될 수 있다. 디지털 정보는 PC와 스마트폰 등 디지털 정보기기의 화면을 통해 보고, 스피커로 소리를 들을 수 있고, 문자 정보는 프린터를 통해 출력하여 종이라는 물리적 형태를 통해 이용할 수 있다. 이처럼 다양한 형태의 정보를 디지털로 변환함으로써 정보 처리와 전달 능력을 획기적으로 향상시켰다.

〈표 1〉 아날로그에서 디지털 방식으로 전환 사례

| 구분 | 아날로그 방식 | → | 디지털 방식 |
|---|---|---|---|
| 문자 정보(text) | 종이 및 인쇄물 | → | PC와 스마트폰의 웹 사이트 접속, 파일 다운로드 |
| 음성 정보(audio) | 레코더, 카세트 | → | CD, 스트리밍, 파일 다운로드 |
| 영상 정보(video) | TV, VTR | → | HDTV, DVD, 스트리밍, 파일 다운로드 |

디지털화된 정보는 송신과 수신의 병행에 적합하므로 정보의 유통 구조를 일방향이 아닌 상호작용적(interactive) 쌍방향으로 전환시킨다. 쌍방향 디지털 시대에 누구나 정보의 생산자·가공자·유통자·수신자가 될 수 있어 시민이 정보를 통해 민주주의를 실천하는 정보 민주주의의 가능성이 커진다.

## 2. 통계로 보는 디지털 사회의 현황

인터넷을 통해 정보와 지식을 자유롭게 이용하는 사회에서 정보의 비중과 역할이 커진다. 이러한 사회에 대응하기 위해 개인은 정보기기를 활용하는 방법을 익히고, 정부는 정보리터러시 교육, 데이터 이용 활성화, 정보 보호를 위해 다양하게 노력할 것이 요구된다. 디지털 사회의 현황을 인터넷 이용 통계 자료를 생산하는 한국인터넷진흥원(2017)의 조사보고서를 중심으로 알아본다.

### 1) 인터넷 이용

2016년 7월 기준, 최근 1개월 이내 만 3세 이상 중에서 인터넷을 이용했다는 응답자를 산정한 인터넷 이용률은 83.3%로 10년 전인 2006년도의 74.1% 대비 14.2%, 5년 전인 2011년도의 78.0% 대비 10.3% 증가한 수준이다. 이 조사에서 2016년도 인터넷이용자수는 43,636천 명으로 2006년도 대비 8,726천 명이 증가했다(한국인터넷진흥원, 2017).

〈그림 1〉 인터넷 이용률 및 이용자수 변화 추이(%, 천명)

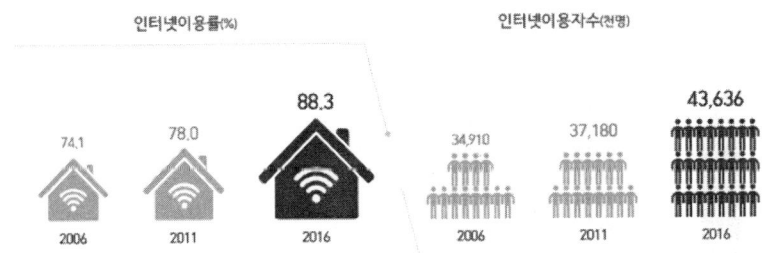

자료: 한국인터넷진흥원, 2017. 만 3세 이상 기준.

이 조사는 국내 전체 가구 및 만 3세 이상 인구를 대상으로 했는데, 조사대상은 전국 25,000가구 및 가구 내 만 3세 이상 가구원으로, 유효표본은 25,000가구 및 61,238명(가구원)이고, 조사방법은 가구방문 면접조사를 채택했고, 조사기간은 2016년 7월 16일~10월 14일까지 3개월간에 걸쳐 이루어졌고, 표본추출은 다단계층화집락추출(Stratified Multi-stage Cluster Sampling) 방법을 사용했고, 추정은 사후층화(다단계층화집락추출 추정식 적용)로서 가구는 통계청 장래가구추계의 2016년 추계가구를 그리고 가구원은 통계청 장래인구추계의 2016년 추계인구를 각각 사용했고, 표본오차는 인터넷이용률의 경우 95%신뢰수준에서 ±0.19%이다(한국인터넷진흥원, 2017).

2016년도 인터넷 이용행태를 보면 먼저 인터넷 이용 빈도 및 시간과 관련해서 인터넷이용자 대부분(98.9%)이 적어도 일주일에 1회 이상 인터넷을 이용하고 있다(한국인터넷진흥원, 2017). 또한 하루에 1회 이상 인터넷을 이용하는 인터넷이용자는 90.2%로 매우 높은 수준이고, 주평균 인터넷 이용시간은 14시간 17분(일평균 약 2시간)으로, 인터넷이용자 중 48.8%가 주평균 14시간 이상('14~21시간' 20.1%, '21~35시간' 21.4%, '35시간 이상' 7.3%) 인터넷을 이용하는 것으로 나타났다(한국인터넷진흥원, 2017).

〈그림 2〉 인터넷 이용목적(복수응답, %)

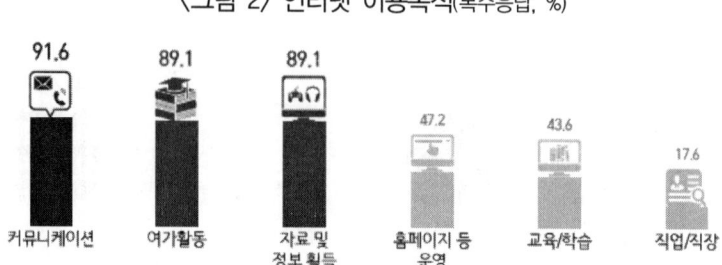

자료: 한국인터넷진흥원, 2017. 만 3세 이상 기준.

이 통계에서 가장 주된 인터넷 이용목적은 커뮤니케이션(91.6%)으로, 인터넷이용자 10명 중 9명이 다른 사람과 연락을 통해 정보와 지식, 의견을 주고받는 '커뮤니케이션'을 위해 인터넷을 이용하고 있었고, 다음으로 '여가활동', '자료 및 정보획득'(각각 89.1%), '홈페이지 등 운영'(47.2%) 등의 순으로 나타났다(복수응답을 허용함).

### 2) 모바일 인터넷 이용

2016년도 모바일 인터넷 이용률은 85.9%인데, 여기에는 일반 이동전화, 스마트폰, 스마트패드, 웨어러블(wearable) 기기 등의 활용이 모두 포함됐는데, 연령대별로는 20대, 30대, 40대에서 99%를 상회하여 거의 전부가 사용하는 반면에 70대 이상은 24.5%로 다소 낮았다(한국인터넷진흥원, 2017).

스마트폰을 통해 인터넷을 이용하는 스마트폰 인터넷 이용률은 만 3세 이상 응답자에서 83.6%로 조사되었으며, 남성(86.7%)이 여성(80.6%)에 비해 높았고, 연령대별로는 20대의 스마트폰 이용률이 99.7%로 가장 높았고, 50대 이하 응답자에서 모두 90%를 상회했지만 70세 이상은 14.9%로 가장 낮았다(한국인터넷진흥원, 2017).

스마트폰을 '하루에 1회 이상' 이용하는 스마트폰 이용자가 91.8%로 매우 높은 수준을 보였고, 스마트폰 이용시간에서 하루 평균 약 1시간 12분, 주평균 8시간 29분으로 나타났는데, '14~21시간' 15.8%, '21~35시간' 6.2%, '35시간 이상' 1.1% 등을 합산했을 때, 주평균 14시간 이상 이용자는 23.1%로 조사됐다(한국인터넷진흥원, 2017).

스마트폰 보유자 10명(만 12세 이상) 중 7명(73.6%)은 '스마트폰을 두고 나왔을 때 즉시 가지러 돌아간다'는데 동의했고, 스마트폰 보유자 절반 이상이 '스마트폰을 휴대하지 않으면 불안하다'(66.6%), '일상생활에서 궁금한 점은 주로 스마트폰을 통해 해결한다'(65.5%), '스마트폰이 없다면 외울 수 있는 전화번호가 거의 없다'(63.9%)에 공감했고, '분실한 스마트폰을 찾아 준 사람에게 별도 비용을 지불할 의향이 있다'(51.6%)는 의견은 절반 넘게 나타나 스마트폰이 필수적인 휴대품이라는 인식이 강하게 나타났다(한국인터넷진흥원, 2017).

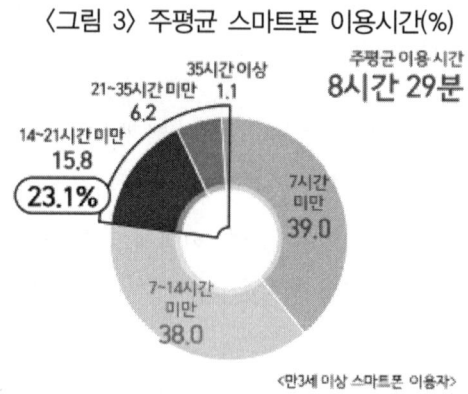

〈그림 3〉 주평균 스마트폰 이용시간(%)

자료: 한국인터넷진흥원, 2017.

### 3) 웨어러블(wearable) 기기 이용

만6세 이상 웨어러블 기기 보유자의 기기 종류를 살펴본 결과 10명 중 6명(64.1%)이 '시계형' 웨어러블 기기를 보유했고, 이어서 '밴드형' 기기 보유자 21.5%, '영/유아 및 노약자 기기' 보유자 13.3%로 뒤를 이었고, '액세서리형'(1.8%), '의류형'(1.7%), '안경형'(1.3%) 등은 3% 미만으로 매우 낮은 수준으로 나타났다(한국인터넷진흥원, 2017).

웨어러블 기기의 다양한 기능 중 '스마트폰과 연결하여 문자, 전화 등 송/수신' 기능을 가장 많이 이용했고(76.0%), 이어서 '인터넷을 통한 정보검색 기능'(34.1%), '심박수, 칼로리 소모량 등 건강관리 기능'(28.7%),

'이동거리, 경로기록 기능'(23.5%), '길안내 기능'(18.8%), '영유아 및 노약자의 위치 확인 등 추적, 보호 기능'(12.8%) 등의 순으로 나타났다(한국인터넷진흥원, 2017).

<그림 4> 웨어러블 기기 종류별 보유 현황(복수응답, %)

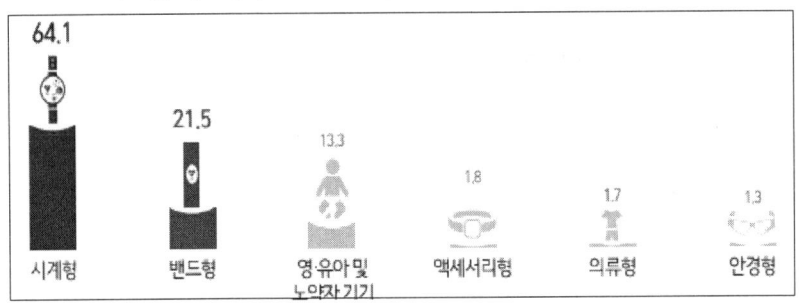

자료: 한국인터넷진흥원, 2017. 만 6세 이상 웨어러블 기기 보유자 기준.

### 4) SNS 이용

만6세 이상 인터넷이용자 10명 중 6명(65.2%)은 최근 1년 이내 SNS(카카오스토리, 페이스북 등의 소셜 네트워크 서비스)를 이용했는데, SNS 이용 미디어로 모바일 기기가 64.7%로 컴퓨터(PC) 23.4%에 크게 앞서는 점에서 모바일 인터넷 서비스가 SNS의 중심 경로다(한국인터넷진흥원, 2017).

SNS 이용자 절반 이상(56.8%)이 SNS 이용이 자신의 삶에 '긍정적'인 영향(매우+대체로)을 미치는 것으로 인식한 반면, '부정적'인 영향(매우+대체로)을 미친다는 의견은 3.5%로 매우 낮았고, '보통이다'는 의견은 39.7%로 조사됐다(한국인터넷진흥원, 2017).

SNS 이용자의 이용 이유로 '친교/교제를 위해서'(84.0%)가 가장 높았고, 다음으로 '취미/여가활동 등 개인적 관심사 공유를 위해서'(49.1%),

'타인이 게시한 콘텐츠를 살펴보기 위해서'(45.1%), '정보나 지식, 사건 사고 등을 공유하기 위해서'(41.1%) 등의 순으로 조사됐다(한국인터넷 진흥원, 2017).

〈그림 5〉 SNS 이용 이유(3개 항목 응답, %)

| 비율 | 항목 |
|---|---|
| 84.0 | 친교·교제를 위해서 |
| 49.1 | 취미·여가활동 등 개인적 관심사 공유를 위해서 |
| 45.1 | 타인이 게시한 콘텐츠를 살펴보기 위해서 |
| 41.1 | 정보나 지식, 사건사고 등을 공유하기 위해서 |
| 34.7 | 일상생활에 대한 기록을 위해서 |
| 20.4 | 자기 감정표현 및 스트레스 해소를 위해서 |
| 18.4 | 단순히 시간을 보내기 위해서 |
| 2.4 | 상품·서비스 판매, 광고 등을 위해서 |
| 0.7 | 타 웹사이트 로그인(소셜로그인) 수단으로 |

자료: 한국인터넷진흥원, 2017. 만 6세 이상 SNS 이용자 기준.

SNS 이용자의 74.0%는 'SNS를 통해 최신 정보를 가장 빠르게 얻을 수 있다'('그러함'과 '매우 그러함' 포함, 이하 동일)는데 공감했고, 62.9%는 'SNS를 이용하면서 기존에 알고 있던 사람들과의 관계가 좋아진다' 면서 SNS를 긍정적으로 인식했지만, 'SNS로 불필요한 정보, 요청 등을 받는다' 50.1%, '내가 SNS에 게시한 글, 사진에 대한 타인의 반응이 신경 쓰인다' 43.6%, 'SNS를 통해 타인과 나의 삶을 비교한다' 43.1% 등에서 보듯이 SNS 이용이 가져오는 불편함에 대한 동의도 적지 않았다(한국인터넷진흥원, 2017).

### 5) 모바일 게임과 인터넷 쇼핑 이용

스마트폰, 스마트패드 등을 통해 모바일 게임을 이용한 응답자(만 6세 이상 인터넷이용자)는 49.7%였고, 최근 1년 이내 인터넷을 통해 쇼핑을 한 인터넷쇼핑 이용자(만 12세 이상 인터넷이용자)는 57.4%로 이 중에서 컴퓨터(PC)를 이용한 인터넷쇼핑은 40.7%, 모바일 기기를 통한 인터넷쇼핑 이용자는 50.8%로 나타나 생활 깊숙이 모바일 기기의 영향이 확대됐음을 보여주었다(한국인터넷진흥원, 2017).

## 3. 정보사회의 문제점

디지털 정보사회의 문제점으로 개인, 조직, 사회 차원에서 살펴볼 수 있다. 먼저 개인과 관련해 개인정보의 유출로 프라이버시가 침해되고, 타인의 명예를 훼손하거나 욕설과 비방으로 피해를 주는 사례가 있다. 아울러 방대한 정보가 무질서, 비체계적으로 유통될 경우 정보 과잉으로 인해 정작 효율적으로 정보를 사용하지 못하게 된다.

조직과 집단 차원에서는 온라인게시판, 토론방에서 특정인을 괴롭히거나 따돌리는 문제가 심각한데, 스마트폰 이용이 증가하면서 소셜미디어를 매개로 한 갈등이 일상적으로 발생한다.

사회와 국가 차원에서는 정보를 독점한 집단에 권력이 집중화되고, 감시 시스템이 발달한다. 조지오웰이 소설 〈1984〉에서 빅브라더(Big Brother)가 영상 스크린 등 감시 장치를 통해 사회를 통제할 가능성을 시사한 것이 현대 사회에 재현된다는 우려를 낳는다. 소수가 정보를 독점할 경우 왜곡된 정보가 유통된다. 또한 정보 부자와 빈자의 지식격차가 다시 빈부격차를 심화시킨다는 디지털 디바이드(digital divide) 현상도 사회 갈등을 심화시킬 것으로 보인다. 요컨대 인터넷에 대한 의존도가 커지는 정보사회에서 다양한 역기능은 사회의 질서와 안전을 위협하고, 사회를 위험하게 만드는 위험사회를 초래할 수 있다.

> **정보 과잉**(overflow of information)
> 정보는 문제 해결에 도움을 주고, 위험을 줄여주고, 삶을 풍부하게 만드는 점에서 생활의 필수 자원이다. 하지만 개인이 처리할 수 있는 수준을 넘어선 정보는 긍정적 영향보다 부정적 영향이 크다. 또한 불필요한 정보의 범람으로 정작 필요한 정보를 입수하고, 해석하고, 활용할 시간이 부족해진다. 인터넷으로 연결된 사이버 공간에서 원하는 정보가 필요 이상으로 공급될 때, 원하지 않는 정보가 필요한 정보를 가로막을 때 정보 과잉 현상이 발생한다. 상업적 목적으로 대량 발송되는 스팸메일(spam mail, junk mail은 이를 쓰레기에 비유한 표현)과 실제 문제 해결을 못하거나 판단 수준을 떨어뜨릴 수 있는 정보가 인터넷에 지나칠 정도로 존재한다는 점에서 정보 과잉은 사회적 문제에 해당한다.

## 4. 정보사회 윤리

### 1) 윤리 개념의 필요성

인터넷과 소셜미디어 등 정보 미디어 이용이 생활화되면서 악성 댓글로 인한 명예 훼손, 불건전 정보유통 등의 정보공해와 저작권 위반, 사이버폭력 등 다양한 디지털 범죄를 예방하기 위해서는 상대를 존중하고, 피해를 예방하는 인터넷 윤리의 확립이 요구된다. 인터넷 윤리는 온라인 공간에서 활동하는 인간과 집단이 지켜야 할 예절과 규범이다.

## 2) 정보사회 윤리의 목적

인터넷과 소셜미디어 활동에서 지켜야 할 윤리의 목적은 누구나 안전하고 편리하고 효율적으로 정보를 이용하도록 하여 행복을 증진하되, 잘못된 정보로 인한 피해를 예방하고, 고통을 완화하기 위한 것이다. 또한 사회적으로 정보의 오용과 악용으로 인한 다툼과 갈등, 분열 등을 방지하고, 발생할 경우 정의롭게 해결하는 것이다. 따라서 정보윤리를 성실하게 준수하는 이용자에게는 칭찬과 보상이, 그리고 위반하고 질서를 어지럽히는 이용자에게는 비난과 처벌이 각각 뒤따른다.

## 3) 정보사회 윤리의 기능

인터넷 윤리의 기능에 대해 대체로 처방·예방·책임 등을 공통적으로 지적하는데(윤미선, 2016; 최희식·김상균, 2016), 여기서는 예방·처방·책임·조정, 발전 기능 등 다섯 가지로 나누어 설명하겠다.

① 예방 기능: 정보사회의 윤리적 문제 발생을 사전에 숙고하여 예방한다.
② 처방 기능: 정보의 생산과 획득, 유통, 소비 등의 과정에서 해야 할 것과 하지 말아야 할 것을 명확히 구분한다.
③ 책임 기능: 자신의 행동이 타인에게 미치는 영향과 결과에 대해서 책임을 진다.
④ 조정 기능: 정보활동에서 나타나는 무질서와 혼란으로부터 질서를 회복하도록 조정하고, 국제적 차원의 보편적 기준이 된다.
⑤ 발전 기능: 정보사회의 가치와 목표를 제시함으로써 정보기술의 원활한 발전을 지원한다.

### 4) 정보사회 윤리의 내용과 원리

인터넷과 사이버공간 윤리의 도덕 원리와 관련해 추병완(2002)은 존중, 책임, 정의, 해악금지 등을 들었고 리차드 스피넬로(Richard Spinello, 1994/2001)는 사이버윤리 원칙으로 자율성의 원칙, 선행의 원칙, 정의의 원칙, 해악금지의 원칙 등을 제시했다. 최희식과 김상균(2016)은 인간 존엄·자율적 책임·공동체 중시 등을 강조한다. 여기서는 이상의 의견을 종합하여 존중·자율·정의·피해방지 등 네 가지로 설명하겠다.

① 존중: 인터넷과 소셜미디어 활동은 타인과 얼굴을 마주하지 않기 때문에 상대를 알 수 없다는 생각에서 배려하지 않고, 무시하는 경우가 발생하여 다툼과 갈등의 원인을 제공한다. 따라서 정보사회의 이용자와 그들이 힘들여 만든 정보에 대해 존중하는 것이 윤리 구성에서 무엇보다도 중요하다.

② 자율: 인터넷과 소셜미디어의 정보를 공유하는 과정에서 무단으로 복제, 유출, 저작권 침해가 이루어질 경우 타인의 간섭과 개입을 초래한다. 정보사회는 이용자의 자유스러운 공간으로 스스로 정보의 부작용을 막기 위해 노력하고, 잘못된 행동이 발생했을 경우 책임질 것을 요구받는다.

③ 정의: 인터넷과 소셜미디어 공간은 다수의 구성원이 활동하는 공동체로서 자신의 이익과 기득권을 내세워 타인에게 불이익과 손실을 초래하지 않아야 한다. 공평함과 공정함으로 공동체의 이익을 수호하고, 이를 침해하는 행위에 대해서는 저항할 권리가 있다.

④ 피해금지: 개인정보를 불법적으로 취득하여, 타인 명의로 아이디를 만들고, 타인의 인터넷뱅킹 계좌를 해킹하여 금전적 피해를 입히고, 광고성 스팸메일을 수신자의 동의 없이 보내는 행동은 타인에게 피해

를 초래하는 점에서 금지된다.

우리나라는 건강하고 안전한 디지털 정보 이용 환경 조성을 위해 노력해 왔는데, 청소년·교사·학부모 등을 대상으로 한 정보윤리교육은 다양한 디지털 역기능을 예방하고, 나아가 성숙한 디지털시민 의식(Digital Citizenship)의 배양을 목표로 하고 있다.

또한 스마트폰과 인터넷 이용 연령이 더욱 낮아지면서 2011년 정보윤리 교육에 유아를 포함했고, 정보윤리교육의 내용에서 사회적 우려가 큰 사이버폭력 예방에 초점을 맞춰 '사이버 인성교육'으로 개편하고, 연령대별로 중요하고 필수적인 내용에 초점을 맞춰 실생활 속에서 건강하고 안전한 정보 이용 습관을 배양하도록 하고 있다(미래창조과학부, 2015).

## 요약정리

1. 디지털 기술은 모든 형태의 정보를 컴퓨터로 쉽게 조작, 처리하기 위해 0과 1로 변환시켜 인터넷을 통해 대량으로 송수신하도록 하여 정보와 지식의 획득과 공유를 편리하게 만들었다.

2. 디지털 사회에서 누구나 정보의 생산자·가공자·유통자·수신자가 될 수 있어 시민이 정보를 통해 민주주의를 실천하는 정보 민주주의의 가능성이 커진다.

3. 정보사회의 생산 활동에서 정보의 비중과 역할이 커지므로 개인은 정보기기를 활용하는 방법을 익히고, 정부는 정보리터러시 교육, 데이터 이용 활성화, 정보 보호를 위해 다양하게 노력해야 한다.

4. 소셜미디어(SNS, 카카오스토리, 페이스북 등의 소셜 네트워크 서비스) 이용자는 최신 정보의 신속한 획득에 공감했지만, 불필요한 정보를 비롯해 타인의 반응 의식, 타인과의 비교 등으로 불편함을 느끼고 있다.

5. 정보사회의 문제점으로 명예훼손, 정보과잉, 집단 괴롭힘과 따돌림, 정부의 통제와 감시 등이 지적된다.

6. 정보사회의 부작용을 예방하기 위해서는 상대를 존중하고, 피해를 예방하는 인터넷 윤리의 확립이 요구된다. 인터넷 윤리는 온라인 공간에서 활동하는 인간과 집단이 지켜야할 예절과 규범이다.

7. 정보사회 윤리의 주요 기능은 예방·처방·책임·조정 기능 등이다.

8. 정보사회 윤리의 원리는 존중·자율·정의·피해방지 등이다.

## 2장

# 정보사회와 사이버 공동체

2장에서는 정보사회와 사이버 공동체에 대해 알아본다. 사이버 공동체는 인터넷과 소셜미디어 등 컴퓨터 네트워크를 통해 상호 연결된 이용자들이 상호 작용하며 정보와 의사를 교환하는 공간이다.

사이버 공동체의 긍정적 현상을 확대하고, 부정적 현상을 줄이는 방안을 모색하기 위해 집단사고와 집단지성의 발현 과정을 이해하고, 4차 산업혁명을 일으키는 빅데이터, 사물인터넷, 인공지능 등의 기술 발달로 사이버 공동체가 진화하는 방향을 살펴본다.

# 1. 사이버 공동체의 형성과 확대

## 1) 사이버 공동체의 개념

오늘날 우리는 실재 공동체와 사이버 공동체라는 두 개의 영역에서 생활한다. 실재 공동체(real community)는 우리가 동일한 시간과 지리적 공간에서 얼굴을 맞대며 일하고, 생활하는 공간이다. 이와 달리 사이버 공동체(cyber community)는 인터넷과 소셜미디어로 연결되어 시간과 지리를 초월하여 정보를 주고받으면서 피드백을 통해 의견과 느낌을 확인하는 공간이다.

사이버 공동체는 인터넷과 소셜미디어를 통해 실제 공동체에서 이루어진 일들을 재현한다. 직장 업무를 비롯해 쇼핑과 은행 업무, 교육, 의료, 회의 등의 공식 활동은 물론 가족, 친구, 친지 등과의 만남, 그리고 개인 차원의 독서와 편지, 게임, 영화 관람 등의 비공식 활동이 사이버 공간에서 이루어지기 때문이다.

한편 인터넷과 소셜미디어는 민주주의의 가능성을 확대했다. 왜냐하면 민주주의에 필수적인 정책과 행정 정보를 웹 사이트를 통해 쉽게 접근할 수 있고, 게시판을 통해 다양한 의견을 파악하고, 자신의 의견을 추가하면서 여론을 형성하고, 여론조사와 온라인 투표를 통해 의견을 제시할 수 있기 때문이다.

요컨대 사이버 공동체는 인터넷과 소셜미디어 등 컴퓨터 네트워크를 통해 형성된 가상적 공동체로서 온라인으로 상호 연결된 이용자들이 시간과 지역의 한계를 벗어나 일반 공동체처럼 상호 작용하며 정보와 의사를 교환하는 공동체를 말한다.

## 2) 사이버 공동체의 특징

사이버 공동체는 블로그처럼 개인의 콘텐츠를 공개하는 1인 미디어부터 개인의 정보 제공을 중심으로 친구와 지인이 관계를 형성하여 콘텐츠의 생성과 유통, 소비에 참여하는 트위터, 페이스북과 같은 소셜미디어, 소규모 이용자가 폐쇄적으로 메시지와 자료를 공유하는 단체와 동호인 위주의 카카오톡과 라인, 카페 등의 유형이 있다.

이러한 사이버 공동체의 특징 중에서 긍정적 현상으로 비슷한 주제를 공유하는 참여자의 동질성, 언제 어디서든지 접속하여 만남과 연락이 가능하다는 점에서 시간과 공간의 한계 극복, 다수의 참여자가 다양한 정보를 교류하고, 축적하여 새로운 차원의 지식과 정보를 생산하는 집단 지성의 발현 등을 들 수 있다. 하지만 부정적 현상으로 동질적 인식과 사고로 편향성이 심화되는 집단 극화(polarization) 현상과 한 가지 의견에 매몰되어 반대의견을 용납하지 않을 경우 커다란 실수와 실패를 초래하는 집단사고(group think)가 있는 만큼 이러한 부작용에 빠지지 않으려면 민주적 입장에서 신중한 태도를 견지해야 한다.

## 3) 사이버 공동체의 전망

사이버 공동체는 빅데이터, 사물인터넷, 인공지능 등의 기술 발달에 따라 더욱 진화할 것으로 보인다. 빅데이터는 온라인 이용자들의 수많은 정보를 신속하게 처리하고 분석한 정부를 제공함으로써 사이버 공동체가 직면한 공통적인 특징을 파악하는데 용이하다. 또한 사물인터넷은 인간과 사물이 인터넷과 소셜미디어로 연결됨으로써 생활의 편리를 더 해주고, 사이버 공동체의 공간과 영역을 확장할 것으로 기대된다. 그리고 인공지능은 사이버 공동체의 미래가 온라인으로 연결된 인간에서 나아가 인공지능을 가진 기계의 역할과 비중이 더 커질 것을 예고한다. 최근 우리 사회에서 화두가 되고 있는 4차 산업혁명은 사이버 공동체의 진화에 영향을 주고, 사이버 공동체는 더욱 중요한 존재로 등장할 것이다.

## 2. 정보사회와 집단행동

### 1) 집단의 사고와 행동

사이버 공동체 중에서 동질성이 높은 집단의 경우 민주적 의사 결정 기회가 충분히 보장되지 않을 경우 높은 응집력으로 인해 편향적인 사고와 행동으로 이어진다. 이처럼 응집성이 높은 집단에서 반대 정보를 고려하지 않은 채 만장일치의 의견을 추구할 경우 집단사고(group think)에 빠질 수 있다.

집단사고 개념은 미국의 심리학자 재니스(Janis, 1972)가 고안한 개념으로 1961년 미국이 쿠바 정부를 전복하기 위해 비밀리에 지원했던 피그스만 침공이 실패한 사례를 분석하면서 극단적 사고에 사로잡혀 있으면 집단의 다양성과 판단력이 약화되고, 비판적인 생각을 하지 않고, 제시된 방안으로 쉽게 의견의 일치를 이루는 상태를 말한다.

집단사고는 폐쇄적 환경에서 권위 있는 인물이나 기관에 대해 완벽하게 순응하는 문화에서 구성원들은 자기 검열을 통해 반대 의견의 표현을 억제하고, 외부 전문가를 과대평가하거나 집단의 도덕적 우월성을 맹신하여 어떠한 결론도 수용하는 현상을 말한다. 즉 집단의 구성원들이 사안의 문제점을 파악했음에도 불구하고, 지도자에게 순응하고 구성원과 불화하지 않고 동조하려는 부담감을 강하게 느끼게 되면 제시된 주장을 다각도로 접근하지 않고, 집단 내에서 의심과 비판이 사라지므로 한 사람의 의견에 기반을 둔 논리와 증거보다도 취약해진다.

요컨대 집단사고의 원인은 집단의 높은 응집력, 집단 내부와 외부의 단절에 따른 높은 고립 상태, 지도자가 지시를 내리고 구성원이 쉽게 따르는 조직 유형, 좋은 결정을 도출해야 한다는 집단의 압력 등이므로 이를 방지하려면 만장일치보다는 반대 의견을 허용하고, 집단 구성원의 편향된 사고에 빠져 똑같은 반응을 보이는 스테레오 타입(정형화, stereo type) 가능성을 인정하고, 다양한 의견을 유도하는 회의 진행 방식이 필요하다(Janis, 1972; Forsyth, 1999/2001; 나은영, 2015).

## 2) 윤리 위반과 위법 활동

정보사회의 부작용은 성인과 청소년을 가리지 않는다. 하지만 청소년의 경우 가치관 형성이 미흡한 상태에서 게임과 음란물, 비행행동, 채팅과 검색 중독 등으로 인해 더 큰 피해가 우려된다. 먼저 게임의 경우 청소년과 일반인에게 자극적인 내용으로 인기를 얻으려고, 전쟁, 테러, 살생, 폭력 등의 내용 등 극단적인 심리를 강요하는 내용을 담으므로 청소년에게 폭력 성향을 갖도록 한다고 비판받는다. 게임 스토리의 구성에서 이용자의 몰입을 유도하는 내용으로 전개되어 중독에 빠지기 쉽고, 레벨을 높이고 사이버머니나 아이템을 얻으려는 과도한 경쟁에 빠지도록 하고, 현실 생활을 외면하고 사이버 세상에서 대리 만족을 얻도록 하여 자기 통제력을 잃고, 게임에 병적으로 집착하게 된다.

다음에, 음란물은 미성숙한 청소년에게 왜곡된 성규범을 형성하게 하며 성행위에 대한 잘못된 인식과 관념을 가져오고, 나아가 성추행, 성폭력 등 성범죄로 이어진다. 따라서 성교육을 통해 청소년들이 올바른 성적 가치관을 형성하고, 성적 호기심을 건강하게 충족하는 현실적인 지식과 정보를 학습하고, 사회적으로 점차 중요해지는 성 평등과 성적 자기결정권 등 성 개념을 이해하고, 대처하는 것이 바람직하다.

그리고 비행행동은 인터넷에서 악성 댓글로 타인을 비방하고, 타인의 신상 정보로 인터넷 사이트에 회원으로 가입하거나 성별과 나이 등 정체성을 숨긴 채 활동하는 것을 말한다. 또한 타인의 자료를 무단으로 출처 표기 없이 블로그나 홈페이지에서 사용하는 행위는 저작권 침해에 해당한다.

---

**그루밍과 성범죄**

성폭력 전문가들은 아동과 청소년을 대상으로 발생하는 성범죄의 전형적 특성으로 '그루밍'(Grooming) 현상이 존재한다고 주장한다. '길들이다'는 의미를 가진 그루밍은 잠재적 학대자들이 정신적으로 미숙한 아동과 청소년의 성적 행동을 유인하는 전략으로 비판받는다. 사이버 공간의 채팅과 메신저 기능은 가해자가 피해자에게 접근하는 주요 통로다.

'그루밍'의 작용 단계는 첫째, 가해자가 어려운 처지에 있는 피해자를 고른다. 둘째, 피해자에게 도움을 주면서 신뢰를 얻는다. 셋째, 가해자는 피해자에게 선물을 주거나 또는 애정을 드러내면서 피해자의 물질적, 정신적 욕구를 충족시켜준다. 넷째, 두 사람은 특별히 친밀한 관계형성을 통해 점점 피해자를 고립시킨다. 이 과정에서 가해자는 피해 청소년을 성적 대상으로 이용하고, 피해자는 가해자와의 관계를 자발적으로 동의한 성적 관계로 바라본다. 다섯째, 가해자는 성학대가 시작된 후에 피해자에게 비밀 유지와 침묵을 요구하고, 폭로를 방해한다. 여섯째, 피해자는 성적 관계가 알려질 두려움과 무력감 속에 가해자의 통제에서 벗어나지 못한다.

이러한 그루밍 수법에 대해 아동과 청소년의 취약함을 이용한 성적 착취 행위로서 겉으로는 자발적 동의 과정으로 보일 지라도 성적 접촉은 모두 폭력이라는 인식이 사회적으로 확산되고 있다. 따라서 향후 아동과 청소년 권리 구제를 위한 제도적 측면의 정책 마련을 비롯해 입법과 법원의 판결에서 반영될 것으로 전망된다. (자료: Welner, 2010)

불건전한 채팅 중독은 문자나 영상 대화에 과도하게 집착한 청소년이 자신도 모르게 성범죄자의 그루밍(grooming, 길들이기)의 상대가 되어 인신매매나 성폭력의 범죄 대상으로 이끈다고 지적된다. 그루밍은 노골적인 성매매와는 다르게 감정적으로 접근하고 돈이나 선물로 호감을 사기 때문에 범죄 대상자가 보살핌을 받는다고 느끼는 사이에 성범죄를 저지르는 수법이다.

검색 중독은 스마트폰 이용의 확대 속에서 더욱 심각한 문제로 등장했는데, 왜냐하면 필요한 정보가 없는데도 습관적으로 스마트폰을 통해 정보를 검색하면서 위안을 삼으며 시간을 허비하고, 자신의 정상적인 활동에 지장을 초래하기 때문이다.

이상에서 살펴본 정보사회의 윤리 위반과 위법 활동은 개인적 또는 집단적 차원에서 발생하는데 청소년들이 광범위하게 이용하는 다중접속역할수행 게임(MMORPG, massively multi-player online role playing game)의 경우 팀을 구성하여 활동하므로 소규모 집단의 일탈로 이어질 수 있다는 점에서 경계해야 한다.

### 3) 집단 지성

집단지성은 위키피디아, 네이버 지식인, 아마존닷컴처럼 다수의 개인이 상호 협력과 경쟁을 통해 얻는 지적 능력의 총합과 질적으로 향상된 수준의 지식 창출이 일반적 개인 수준의 취약점을 극복하고, 특정 분야의 전문가나 연구자, 관련 조직의 지식 생산 수준보다 더 우수한 차원에 도달하는 현상을 가리킨다. 사이버 공동체에서 집단의 활동이 긍정적일 경우 집단지성으로, 반대로 부정적일 경우 집단사고로 표현할 수 있다.

대중의 지혜를 의미하는 집단지성은 웹 2.0에서 구현된 개방된 환경에서 이용자의 상호작용을 통한 콘텐츠 생산과 재생산 네트워크에서 발전했다. 해당 기능을 보여주는 웹 애플리케이션으로는 개인과 집단이 공동을 정보를 생산하는 공간인 블로그(blog)와 위키피디아(wikipedia), 사용자가 검색 편의를 위해 붙이는 태그인 플리커(flicker), 블로그 연결을 링크해 주는 트랙백(track back), 링크의 개수와 중요도에 따라 데이터의 우선순위를 부여하는 구글의 페이지랭크(pagerank) 등이 있다. 웹 1.0은 웹 사이트 생산자 위주의 데이터를 생산하고, 웹 2.0은 플랫폼 수준에서 생산자와 소비자가 중복되면서 상호작용을 통해 콘텐츠를 재생산하고, 네트워크를 구축하는 것을 말한다. 그리고 계속 진화하는 웹 3.0은 시멘틱 웹(semantic web)기술을 이용하여 웹페이지 내용을 이해하고 개인에게 적합한 정보를 제공하는 지능화, 개인화된 맞춤형 웹을 말한다.

### 4) 디지털 리터러시

디지털 리터러시는 디지털 정보의 특성을 이해하고, 효과적으로 정보를 획득, 생산, 전달 능력을 갖추는 것을 의미한다. 역사적으로 언어와 문자, 영상, 멀티미디어 등 전달 기술과 방식이 발달하면서 문자(한글, 한자)와 언어(영어, 중국어), 영상(사진, 영화, TV), 디지털(인터넷, 소셜미디어) 등을 이해하고, 활용하는 리터러시가 중요하게 대두된다. 디지털 미디어의 경우 부정확한 정보가 빠르게 확산되고, 피해가 발생할 경우 원상회복이 어렵다는 특성이 있다.

따라서 인터넷, 소셜미디어 등의 디지털 미디어의 한계와 내용을 올바르게 이해하고, 비판적으로 수용하고, 생산적으로 참여해 건강하게 이용하는 능력인 디지털 리터러시(digital literacy)가 요구된다. 본래 리터러시는 '글을 읽고 쓰는 능력'으로 문자 해독을 의미하지만 디지털 리터러시는 디지털 미디어를 보다 잘 이용할 수 있는 기회와 기술을 바탕으로 디지털 미디어 환경에서의 생활과 커뮤니케이션을 위한 지식, 기술, 태도를 갖추고 건전한 시민성을 보유하는 것이다. 시민의 디지털 리터러시 능력 확보를 위해서는 우선 디지털 미디어에 접근할 수 있도록 교육의 기회를 제공하고, 디지털 미디어에 대한 근본적인 이해를 바탕으로 지식, 정보에 대한 판단과 직접적인 정보 생산과 공유, 적절한 이용과 조절, 규범적 이용에 관한 기술 습득과 태도 형성이 필요한 점에서 결국 미디어 리터러시 능력은 디지털 시대에 한 사회의 구성원으로서 건전한 시민성을 갖추고 타인과 더불어 살아갈 수 있는 역량을 의미한다(안정임, 2013).

### 5) 시민의식

정보사회의 성공 여부는 디지털 리터러시를 갖추고, 디지털 기기를 자율적이고 책임 있게 사용할 수 있는 시민에게 달려 있다. 시민이 정보사회의 특징을 충분히 이해하고, 정보 미디어의 부작용을 방지하며 슬기롭게 활용한다면 그만큼 정보의 혜택을 골고루 누릴 수 있다. 하지만 시민의 미디어 리터러시가 결여되고 정보 윤리가 부재할 경우 인터넷과 소셜미디어의 긍정적 측면이 줄어들고, 정보통신 기술의 지속적 발달과 확산을 저해하게 된다. 역사적으로 새로운 미디어는 사회에서 누가 어떻게 수용하느냐에 따라 영향을 받고, 그 성격이 변화되었다.

정보 미디어의 대표적인 매체인 인터넷을 예로 들어 보자. 1990년대 국내에 소개된 인터넷의 역사는 30년에 불과하다. 그러나 인터넷은 시민들의 생활 깊숙이 파고들어 이제 인터넷 네트워킹이 없으면 일상생활이 불편할 징도이다. 인터넷은 기존의 신문과 방송이 덤딩하던 정보 매체로 기능하고 있다. 또한 인터넷은 사람과 사람, 사람과 집단, 집단과 집단 간의 의사소통을 담당하는 통신 매체의 역할을 담당한다. 그리고 인터넷을 통해 다양한 멀티미디어 콘텐츠를 즐기는 점에서 기존의 라디오와 TV가 담당해 온 오락 기능도 수행한다. 이와 함께 인터넷은 정보와 지식, 영상 콘텐츠를 포함해 다양한 상품을 사고파는 시장 기능을 수행한다.

그러나 미디어 자체가 인류의 발전과 사회의 진보를 자동적으로 보장하는 것은 아니었다. 역사적으로 지배 사회를 위협한다는 명분으로 수많은 인쇄물이 금서로 지정되었다. 계몽 사회 이후 인간의 이성과 합리성을 중시했지만, 자국의 이익을 위해서 약소국을 침략하는 제국주의 시대와 시민의 인권을 외면하는 독재 체제에서 신문, 라디오, TV 등은 체제의 선전 도구에 지나지 않았다. 인터넷에 대한 전망 역시 한편으로 시민의 민주주의 능력을 강화시킨다는 낙관적 견해와, 다른 한편으로 시민을 감시하고, 정보와 콘텐츠의 홍수 속에서 탈정치화를 조장하고, 기업의 경제적 이익 추구 공간으로 작용한다는 비관적 견해가 공존하고 있다(이진로, 2008: 128).

정보사회의 운명은 국가와 기업 그리고 시민에게 달려 있으며, 특히 시민이 참여, 공유, 숙의와 창의 정신으로 핵심 주체가 되어야 정보사회는 시민을 위한 사회로 발전, 정착할 것이다.

국가는 정책을 수립하고 추진한다는 점에서 중요하다. 기업은 정보화의 산업적 기반을 담당하고, 네트워크를 구축한다는 점에서 중요하다. 그러나 무엇보다도 가장 중요한 것은 시민이다. 왜냐하면 시민들의 성숙된 의식과 역량이 정보사회의 발전을 가속화하기 때문이다. 따라서 정보사회의 발전과 성공을 위한 요소를 찾고, 시민에게 제시할 필요가 있다.

정보사회의 시민에게 요구되는 참여·고유·숙의·창의 등 네 가지 정신을 알아보자. '참여'는 민주 정치 구현에서 가장 중요한 정신이다. '공유'는 콘텐츠의 생산과 향유라는 공공적 측면에서 빼놓을 수 없는 요인이다. '숙의'는 정보사회의 윤리와 질서 수립을 위한 사회적 전제 조건이다. 끝으로 '창의'는 문화적 측면에서 정보사회를 풍요롭게 하고 발전을 견인하는 역할을 한다. 결론적으로 정보사회의 주역은 시민이며, 시민이 참여하고, 공유하고, 숙의하고, 창의적인 시민이 될 때, 정보사회의 성공과 발전 가능성을 높일 수 있다(이진로, 2008: 128-129).

## 3. 정보사회의 언론 활동

### 1) 인터넷 저널리즘과 윤리

인터넷 신문과 방송이 뉴스와 프로그램을 통해 정보를 전달하는 언론이 인터넷 저널리즘이다. 먼저 인터넷신문에 대해 '신문등의 진흥에 관한 법률' 제2조 2에서 법의 운용을 위해 내린 정의는 컴퓨터 등 정보처리능력을 가진 장치와 통신망을 이용하여 정치·경제·사회·문화 등에 관한 보도·논평 및 여론·정보 등을 전파하기 위하여 간행하는 전자간행물로서 독자적 기사 생산과 지속적인 발행 등 대통령령으로 정하는 기준을 충족하는 것을 말한다.

인터넷 저널리즘은 온라인 저널리즘, 사이버 저널리즘으로 불리기도 하는데 넓은 의미에서 인터넷 신문과 방송을 포함해 공공적 문제를 다루는 게시판과 토론방, 블로그, 카페, 카카오스토리, 페이스북의 계정과 트위터 활동 등을 포함할 수 있다. 인터넷 저널리즘은 취재, 즉 정보 획득 측면에서 인터넷에 연결된 기관과 인물의 공개된 자료, 의견,

그리고 비공식 자료 등을 활용하고, 온라인 배포 과정에서 즉시성, 페이지와 페이지를 연결하는 상호텍스트(hypertext), 테스트, 오디오, 그래픽, 애니메이션, 사진, 동영상을 제공하고, 웹 사이트 게시와 이메일 발송, 스마트폰 공유 등의 유연한 전송체계를 갖추고 있고, 정보 수용자들은 기존의 라디오, TV처럼 순서대로 수용하는 대신 자신의 필요와 선택에 따라서 비선형적(non-linear)으로 수용하고, 기사의 댓글과 시청자 게시판을 통해 의견을 제시하는 상호작용성을 구현하고, 기사의 내용과 관련된 기관을 직접 연결하기도 한다(Ward, 2002/2003).

인터넷 저널리즘의 문제점으로 지적되는 뉴스 어뷰징(abusing)은 독자의 관심을 끌기 위해 흥미 있는 뉴스를 내용은 비슷하거나 같은데도 불구하고, 제목을 변경해 속보 형식으로 빈번하게 올려 조회수를 올리거나 독자의 방문을 유도하여 결국 독자를 기만한다고 지적하는 현상이다. 따라서 인터넷 언론의 윤리를 구현하기 위해서는 뉴스 어뷰징의 금지와 제한이 요구되는데, 뉴스 내용의 상당 부분이 바뀌는 특별한 경우에만 비슷한 뉴스의 신규(수정) 등록이 허용돼야 한다.

인터넷 윤리와 관련된 이슈로 기사 내에서 외부 사이트에 링크를 거는 문제를 들 수 있다. 특히 자극적인 내용을 다루면서 일차적인 정보를 제공하는 사이트를 링크로 연계할 경우, 정보 이용자의 편의를 위해 제공한다는 논리와 링크를 통해 기사의 자극적인 성격을 강화한다는 비판이 대립하므로 사회적 책임의 관점에서 외부 사이트에 링크를 걸만한 타당한 이유를 제시하고, 링크 이후 해당 사이트의 내용이 변했는지를 지속적으로 파악해야 한다(Ward, 2002/2003: 175-177).

### 2) 인터넷 신문의 발행 요건

인터넷 신문의 발행요건을 규정한 '신문 등의 진흥에 관한 법률시행령' 제2조는 독자적인 기사 생산을 위한 요건으로서 취재 인력 3명 이상을 포함하여 취재 및 편집 인력 5명 이상을 상시적으로 고용할 것과 주간 게재 기사 건수의 100분의 30 이상을 자체적으로 생산한 기사로 게재할 것 등의 요건을 모두 충족할 것을 요구한다. 또한 지속적인 발행요건으로서 주간 단위로 새로운 기사를 게재하도록 하여 자칫 소수의 인원이 운영함에 따른 부작용을 제한하고 있다.

한편 인터넷 신문의 기사가 청소년에게 유해성이 있는지를 심의하도록 하는 내용으로 청소년 보호법 일부 개정 법률안이 2017년 11월 통과됐다. 여성가족부가 발표한 인터넷신문의 청소년유해성광고 모니터링 결과에 따르면 청소년유해성광고물 수가 2013년에 791개, 2014년 1021개, 2015년 1545개에 이르는 것으로 나타나고 있음에도, 현재 문화체육관광부에 등록된 인터넷신문은 대부분 정치·경제·사회에 대한 보도·논평 및 여론을 전파하는 신문으로 등록돼 있어 이 법에 따른 매체물에서 제외되고 있는 상황이었다. 앞으로 인터넷신문사업자가 청소년보호책임자를 지정·운영하지 않을 경우, 유해 매체물 심사 대상이 된다.

청소년 보호법은 유해한 매체물과 약물 등이 청소년에게 유통되는 것과 청소년이 유해한 업소에 출입하는 것 등을 규제하고 청소년을 유해한 환경으로부터 보호·구제함으로써 청소년이 건전한 인격체로 성장할 수 있도록 함을 목적으로 하여 제정됐다.

## 요약 정리

1. 사이버 공동체(cyber community)는 인터넷과 소셜미디어 등 컴퓨터 네트워크를 통해 형성된 가상적 공동체로서 온라인으로 상호 연결된 이용자들이 시간과 지역의 한계를 벗어나 일반 공동체처럼 상호 작용하며 정보와 의사를 교환하는 사람들의 집단이다.
2. 사이버 공동체의 긍정적 현상으로 참여자의 동질성, 시간과 공간의 한계 극복, 집단 지성의 발현 등을 그리고 부정적 현상으로 편향성이 심화되는 집단 극화(polarization) 현상과 반대의견을 용납하지 않는 집단사고가 있다.
3. 4차 산업혁명을 일으키는 빅데이터, 사물인터넷, 인공지능 등의 기술 발달로 사이버 공동체가 더욱 진화할 전망이다.
4. 빅데이터는 온라인 이용자들의 수많은 정보를 신속하게 처리, 분석한 정보를 제공함으로써 사이버 공동체가 직면한 공통적인 특징을 파악하는데 용이하다.
5. 사물인터넷은 인간과 사물이 인터넷과 소셜미디어로 연결됨으로써 생활의 편리를 더 해주고, 사이버 공동체의 공간과 영역을 확장할 것으로 기대된다.
6. 인공지능은 사이버 공동체의 미래가 온라인으로 연결된 인간에서 나아가 인공지능을 가진 기계의 역할과 비중이 더 커질 것을 예고한다.
7. 집단사고는 폐쇄적 환경에서 권위 있는 인물이나 기관에 대해 완벽하게 순응하는 문화에서 구성원들은 자기 검열을 통해 반대 의견의 표현을 억제하고, 외부 전문가를 과대평가하거나 집단의 도덕적 우월성을 맹신하여 잘못된 결론을 수용하는 현상을 말한다.
8. 정보사회의 부작용은 게임과 음란물, 비행행동, 채팅과 검색 중독 측면에서 다양하게 나타난다.
9. 집단지성은 사이버 공간에서 다수의 개인이 상호 협력과 경쟁을 통해 얻는 지적 능력이 전문가 수준이나 그 이상의 지식을 창출하는 현상을 말한다.
10. 디지털 리터러시는 인터넷, 소셜미디어 등의 디지털 미디어의 한계와 내용을 올바르게 이해하고, 비판적으로 수용하고, 생산적으로 참여해 건강하게 이용하는 능력이다.

# 3장

# 정보사회의 문화와 기술

> 3장은 정보사회의 디지털 문화가 어떤 모습인지를 알아본다. 디지털 문화는 정보기술의 영향을 받았지만, 다시 영향을 주기도 한다. 그런 점에서 디지털 문화와 디지털 기술은 상호 발전을 자극하는 조건적 요소이고 변화를 일으킨다고 본다.
>
> 패러디(parody) 문화를 비롯해 B급 문화와 키치(kitsch) 문화, 컨버전스(convergence) 문화, 팬덤(fandom) 문화의 특징과 등장 배경을 살펴보고, 앞으로 전개될 디지털 기술과 사회의 변화를 비롯해 4차 산업혁명의 진행 과정을 이해하고, 전망한다.

# 1. 정보사회의 문화

## 1) 디지털 문화의 의미

 정보사회의 특징인 디지털 문화의 출현에 대해 기술 중심론과 문화 중심론 두 가지 시각이 있다. 기술 중심론은 디지털 문화가 디지털 테크놀로지에 의해 영향을 받았다는 것이고, 반면에 문화 중심론은 디지털 사회에서 형성되는 디지털 문화가 디지털 기술의 발전에 영향을 주고, 디지털 사회에 맞게 변화시킨다는 시각이다. 하지만 두 시각 모두 기술과 문화 중에서 어느 한 쪽의 전면적 우위를 주장하기 보다는 다양한 요소가 변증법적으로 상호작용하는 가운데 각각 기술과 문화에 주목한다고 본다.
 먼저 기술 중심론의 정보사회 문화는 다양한 테크놀로지가 정보사회(사이버) 문화의 특징을 형성한다고 주장한다.

> "사이버 문화는 디지털 테크놀로지에 의해 쌍방향 소통 방식, 데이터베이스, 시뮬레이션, 하이퍼텍스트, 프렉탈적 요소, 모든 다수 대 모든 다수, 가상성 등의 특징을 갖는다. 컴퓨터 시뮬레이션은 탁월한 인지적 기능을 수행하면서, 인간 사유에 있어서 필수 불가결한 기제가 되었으며 인간의 지적 능력은 개인적 차원을 넘어 집단 지성으로 다른 차원의 지적 자산을 형성하게 한다. 인간과 테크놀로지의 결합이 우리 문화를 조건지우면서 새로운 인식의 패러다임을 만들어내고 있는 것이다."(김동윤, 2000: 15)

 다음에 문화 중심론의 정보사회 문화는 문화적 전통과 기술의 복합적 상호작용과 변증법적 관련에 주목한다.

> "테크놀로지는 현대 디지털 문화의 발전에 기여하는 수많은 원천들 중 하나

이다. 그 밖의 원천들에는 정보와 시스템, 아방가르드 예술, 저항문화의 유토피아적 이상주의, 비판이론, 기술 과학에 대한 철학적 담론들, 심지어는 펑크 같은 하위문화의 형성 등이 포함된다. 이러한 이질적인 요소들은 컴퓨터뿐만 아니라 추상화, 성문화, 자기 조절, 가상화, 프로그래밍의 산물이다. 디지털 문화는 그러한 요소들 사이의 복합적 상호작용과 변증법적인 관련으로부터 생산되고 있다." (Charlie Gere, 2004/2006).

한편, 기술과 사회, 문화의 관계를 결정이 아니라 조건으로 파악하는 피에르 레비(Levy, 1997)의 신중한 시각은 양자의 관계를 균형적으로 파악한다.

"기술이 사회나 문화를 결정하는가? 우리가 그러한 가정을 받아들일 경우, 그 관계는 결정론적 관계보다 훨씬 복잡한 것이다. 사이버 공간의 출현은 문명의 일반적 진화를 표현하고 그 진화를 촉진한다. 어떤 기술은 어떤 문화에서 만들어지며, 한 사회는 그 안에서 생산된 기술에 의해 조건 지워진다. 내가 분명히 하고 싶은 것은, 기술에 의해 사회가 결정되는 것이 아니라 조건 지워진다는 점이다. 이 차이는 매우 중요하다." (Levy, 1997: 43)

이상에서 정보사회의 문화는 디지털 기술과 디지털 문화가 상호 작용하면서 형성한다고 볼 수 있다. 혹자는 기술이 먼저라고 주장하겠지만, 기술 역시 문화적 환경 속에서 형성된 아이디어에서 출발했기 때문에 문화와의 관련성을 완전히 배제하기 어렵다. 반대로 문화의 중요성을 인정하더라도 일단 새로운 디지털 기술이 등장한 다음에 문화에 전면적 영향을 주는 현상을 외면하기 어렵다. 그런 점에서 정보사회에서 디지털 문화와 디지털 기술은 상호 발전을 자극하는 조건적 요소이고 변화를 추동한다고 보는 균형적인 시각이 바람직하다.

## 2) 디지털 문화의 다양한 관점

디지털 문화에 대해 이재현(2013)은 인터페이스 문화, 스크린 문화, 알고리즘 문화, 데이터베이스 문화, 하드디스크 문화, 지식 문화, 소셜 문화, 모바일 문화, 참여 문화, 글로벌 문화 등 10개 문화로 설명한다. 여기서는 디지털 시대의 새로운 문화로서 패러디 문화, 키치 문화. 컨버전스 문화, 팬덤 문화 등을 알아본다.

첫째, 패러디(parody) 문화는 복제가 용이해진 디지털 시대의 특징을 살려 영화, 문학, 음악 등의 원본 작품에서 인기를 얻은 어떤 인물과 장면을 모방해서 새로운 작품을 만들어 재미를 추구하고, 익살, 풍자, 비판, 조롱하는 문화다. 패러디 요소의 부각을 통해 고정된 가치를 무너뜨리고, 다양한 시각의 해설을 보여주면서 수용자에게 웃음을 이끌어내므로 예술작품은 물론 유머와 개그의 소재가 된다. 특정 인물에 대한 비난이 과도할 경우 인권 침해라는 반론에 직면할 수 있다. 영화에서 인기 장면을 차용하는 오마주(hommage)는 해당 작품과 감독을 존경하는 의미를 담는 점에서 구분된다.

둘째, B급 문화와 키치(kitsch) 문화는 괴상하고 저속한 내용의 질 낮은 예술 작품이 인기를 얻는 현상을 가리킨다. 키치는 진지하고 고상한 취향에 반하는 조악하고 이단적인 감각, 품위나 기품이 결여된 반지성적 태도, 전통적 아름다움을 부정하는 태도를 보인 모방 위주의 사이비 예술, 즉 가짜 작품을 가리키는 용어로 사용된다. SNS와 포털사이트 이용자들이 만든 모방 작품에 유치, 폭력, 성적 코드를 담아 유머와 즐거움을 추구하는 현상이 늘어나면서 키치 문화는 사이버 공간의 인기 놀이로 정착했다.

셋째, 컨버전스(convergence) 문화는 팬픽션과 웹툰처럼 올드미디어와 뉴미디어가 융합되어 새로운 장르가 출현하는 현상을 말한다. 팬픽션(fan-fiction)은 팬픽(fanfic)으로도 불리는데, 소설, 영화, 드라마의 독자와 팬들이 주인공에 대한 이야기를 자유롭게 작성하여 블로그에 작성하고 널리 공유하는 현상에서 보듯이 기존의 작품과 디지털 공간이 융합하여 새로운 작품을 출현시킨 사례에 해당한다. 또한 웹툰(webtoon)도 만화의 생산과 소비 시스템을 아날로그에서 디지털로 전환시켰다. 즉, 기존의 아날로그 종이 만화책 시대의 만화가는 유명작가의 도제로 출발했고, 독자는 대본소를 통해 만화책을 대여해 소비했는데, 인터넷 시대에 들어와서는 누구나 재미있는 스토리와 기발한 아이디어를 컴퓨터와 태블릿에서 만화로 제작하고, 인터넷을 통해 게시하면 만화가 될 수 있고, 독자는 웹상에서 자신의 취향에 맞는 만화를 편리하게 선택하는 환경으로 변화했기 때문이다.

헨리 젠킨스(Henry Jenkins, 2006/2008)는 컨버전스(융합) 개념을 통해 서로 다른 제품이 결합되어 수준을 높이거나 또는 새롭게 재창조되어 영향이 확대되는 현상을 디지털 시대의 특징으로 본다. 디지털 시대에는 컨텐츠 생산자와 소비자 간에 복잡하게 상호작용하는 문화와 함께 기술 분야에도 퓨전(fusion, 뒤섞임), 하이브리드(hybrid, 혼종) 현상이 보편화되고 있다.

넷째, 팬덤(fandom) 문화는 특정 스타나 미디어 텍스트에 대한 애호와 충성심을 공유하는 조직화된 공동체 또는 하위문화를 일컫는 용어다(김수아, 2014). 감정 표현이 즉각적이라는 점에서 SNS는 유명인에 대한 팬덤을 사회적으로 강화하거나 공유하는 역할을 쉽게 해줄 수 있다. 2017년 방탄소년단의 폭발적인 해외 인기 요인 중 하나로 트위터와 유튜브, 공식블로그 등 디지털 미디어로 그들의 활동을 꾸준히 알려온 점을 들 수 있다.

## 2. 정보사회의 기술

### 1) 디지털 신기술

디지털 시대의 신기술에 관해 최근 한국전자통신연구원(ETRI)이 발행한 〈ECOsight 2017: Socio-Tech 10대 전망〉을 중심으로 살펴보겠다(이승민·정이형·송근혜, 2017).

이 보고서는 정보통신기술(ICT)을 중심으로 디지털 기술 분야에서 시장, 산업, 경제, 노동 등을 중심으로 기존 사회의 트렌드를 바꾸는 기술을 소개하고, 그 영향을 전망하는데 기업, 국가, 개인의 차원에서 설명하고 있다.

먼저 기업 차원에서 최근 글로벌 ICT 기업들을 중심으로 전개되고 있는 인공지능 민주화는 신기술의 보편화를 넘어 인공지능 플랫폼을 전 산업에 내재화하려는 세계 시장의 전략이다.

다음에 국가 차원에서 디지털 기술혁명은 기술경제의 패러다임 자체를 변화시키며 ICT 기반 디지털 경제가 만드는 새로운 풍요의 시대를 열어 줄 것을 기대하고 있다. 한편 블록체인의 등장은 중앙통제를 약화시키고 개인과 국가 권력의 미래에도 파괴적인 영향력을 행사할 것이다.

그리고 개인 차원에서 직업의 디지털 형태 변화(transformation)는 중간직과 전문직의 종말과 새로운 계급의 부상, 그리고 노동 구조의 근본적인 변화를 초래할 수 있다. 개인의 소비활동은 제품·서비스·데이터의 생산으로 확장되고 경험의 중요성이 부각되면서 소비의 개념 자체가 바뀌는 현상 등을 보이고 있다(이승민·정이형·송근혜, 2017: 4-5).

한국전자통신연구원 연구팀(이승민·정이형·송근혜, 2017)이 전망하는 '사회에 영향을 주는 기술'(socio-tech)에서 소개된 10대 이슈의 핵심 내용을 정보기술의 윤리적 방향을 모색하는 차원에서 알기 쉽게 설명하겠다.

① 인공지능을 민주적으로 활용해야 한다

인공지능은 컴퓨팅, 데이터, 알고리즘 등의 기술을 산업과 생활에 활용하여 사회에 변화를 줄 것으로 전망된다. 2016년 알파고와 이세돌의 바둑 시합에서 4대 1의 결과가 나오자 인공지능의 뛰어난 능력에 대한 관심이 커졌다. 향후 인간이 인공지능과 경쟁하여 이길 수 없다는 비관론이 제기됐다. 그렇다고 인공지능을 적대시하고, 외면할 경우 다양한 활용 기회를 잃는 점에서 바람직하지 않다. 따라서 관건은 인공지능을 시민의 관리 하에 두고, 시민의 이익을 위해 활용하는 것이다. 이와 함께 산업적으로 애플과 구글, 아마존, 페이스북, 넷플릭스, 테슬러 등의 대규모 기업이 인공지능 분야를 독점하는 것은 민주화 측면에서 바람직하지 않다. 시민이 인공지능 기술 발달의 혜택을 골고루 누리는 방향으로 정책을 수립하고 문화를 형성하는 것이 바람직하다.

② 인공지능 기술의 다양한 활용을 지원해야 한다

연구팀(이승민 외, 2017)은 인공지능 기술이 제조, 의료 등 다양한 산업에 활용되면서 나타난 새로운 혁신 양상으로 아마존, 구글, IBM 등이 제공하는 빅데이터와 기계학습 알고리즘에 주목하다. 이들 기업은 인공지능을 기술을 활용하여 암 환자의 진단과 치료 효과를 높이고, 제품 생산에서 불량률을 감소시키고, 에너지를 효율적으로 사용하고, 판매처를 효과적으로 관리하고, 적절한 사업모델을 발굴한다.

기업의 기술혁신이 활발하게 이루어지려면 기업 내부 측면에서 기술혁신에 친화적인 조직 문화를 구축해야 한다. 또한 기업 외부 측면에서 기업의 혁신 활동을 지원하기 위한 법적·제도적·문화적 기반을 재정비해야 한다.

③ 디지털 역량 확보는 개인·기업·사회의 발전에 필수적이다

기업과 사회 활동 전반에 걸쳐 디지털 현상이 확산됨에 따라서 개인과 기업, 정부 차원에서 디지털 역량을 확보하고, 발전시키는 것이 존립과 발전에 필수적 요소로 인식된다. 개인의 경우 컴퓨터와 인터넷을 활용하지 않을 경우 정보 획득과 생산은 물론 업무 수행에 지장을 초래한다. 기업의 경우 회사 내부와 외부에 컴퓨터 네트워크를 구축하여 물류와 마케팅에 활용하여 생산성과 효율성을 높인다. 정부 역시 시민과 기업에 대한 서비스 제공과 행정 운영에서 디지털 기술을 활용한다. 개인과 기업, 정부 등 사회의 3대 주체가 디지털 역량을 갖추고, 활동하는 것이 필수적으로 요구된다.

④ 디지털 경제 성장의 부작용을 최소화해야 한다

디지털 기술의 도입으로 제품 생산과정에서 자동화가 도입되어, 노동력을 줄이고, 더 많은 성과를 올리는 점에서 생산성이 향상된다. 하지만 리프킨(Rifkin, 1995/1996)이 〈노동의 종말〉에서 지적했듯이 일자리가 줄어드는 어두운 측면도 있다. 은행의 현금자동인출기(ATM, automated teller machine) 도입은 현금 입출금 업무를 담당하는 창구 담당자의 역할을 그리고 자동차 공장에서 조립을 담당하는 로봇의 도입은 생산직 노동자의 역할을 각각 수행하고, 이는 그만큼 해당 인력의 해고를 의미하기 때문이다.

하지만 이러한 정보통신기술의 부작용으로 인해 디지털 경제의 혜택과 편리를 외면할 수는 없다. 노동자와 경영자, 정치인 등 사회를 이

끌어가는 주체들이 부작용을 줄이도록 분배의 정의를 실현하는 노력이 요구된다.

⑤ 블록체인 기술을 사회의 투명성과 신뢰 제고에 활용하자

블록체인과 인공지능 기술은 디지털 사회 변화를 추도하는 양날의 날개다. 인공지능 기술의 독점으로 인한 사회의 통제 가능성을 키웠다면, 이와 반대로 블록체인 기술은 탈중앙화와 분권화를 통해 사회의 자율화와 신뢰 향상에 기여할 것으로 기대된다. 가상화폐 비트코인은 블록체인 기술에 바탕을 두고, 정부가 아니라 디지털 사용자가 만든 화폐다. 이처럼 정부의 역할이 없는 상황에서 화폐를 발행하고, 사용한다는 점에서 일부에서는 무정부주의 사회가 도래한다고 주장한다. 하지만 정부가 없을 경우 나타날 '만인 대 만인의 투쟁'이라는 약육강식의 사회가 가져올 부작용을 고려한다면 정부의 부재를 환영하기 어려운 측면이 있다. 블록체인 기술이 안정적인 가치척도 기능을 수행하는 디지털 화폐로 정착하기 위해서는 사회적 신뢰와 시민의 참여, 기술성과의 공유가 요구된다.

⑥ 가짜 뉴스의 범람은 진실에 대한 공감의 중요성을 말해준다

사실에 기반을 두지 않거나 또는 거짓된 내용을 지닌 페이크 뉴스(fake news)가 2016년 미국 대선, 2017년 한국 대선에서 종종 등장했다. 이들 가짜뉴스는 유권자에게 잘못된 정보와 신념을 갖게 하고, 잘못된 판단으로 유도하는 점에서 비판을 받았다.

가짜 뉴스는 객관적 사실보다 개인의 감정과 신념에 호소하고, 거짓 여론을 형성한다는 점에서 진실을 알고 싶지 않고, 진실을 바꾸고 싶다는 '탈진실(post-truth)' 논란을 일으켰다. 가짜 뉴스와 탈진실이 디지털 시대에 확산된 것은 자신이 속한 집단의 시각에서 진실을 보고 싶은데

서 나타난 것으로 진실이 자신에게 유리하지 않을 경우 거부하는 행동이다. 해결 방향은 진실이 개인을 소외시키지 않도록 하고, 진실 자체보다는 진실을 추구하는 과정과 커뮤니케이션 행위에 긍정적 의미를 부여하는 포용과 관용이다.

⑦ 사이버공간의 분열과 갈등을 극복하고 평화를 지향해야 한다

핵티비스트(hacktvist)는 해킹을 수단으로 자신의 주장을 요구하고 관철하는 행동주의자들로서 사이버공간에서 디지털 기술을 능숙하게 사용한다. 사회의 주요 결정과 혜택에서 소외된 집단이 사회 참여를 거부당하면 저항을 위해 핵티비스트가 되는데, 이러한 집단이 많아지고, 주류집단과 다양한 소외집단 간에 상호 갈등이 심화되면 상호 적대적 관계가 형성되고, 악성코드와 랜섬웨어 등으로 상대의 컴퓨터 시스템을 파괴, 훼손하면서 사이버공간에서 전쟁을 벌이는 '인터넷 발칸화' 현상이 나타난다. 발칸화라는 용어는 유럽의 발칸 지역에서 소규모 민족과 국가 간에 대립과 갈등, 전쟁이 자주 발생하고 있는데서 생성된 것으로 인터넷 발칸화는 인터넷으로 연결된 사이버공간에서 집단에 분열이 발생하고, 서로에게 피해를 주기 위해 사이버공격을 벌이는 현상을 말한다. 사이버공간의 평화를 위해서는 집단 간에 반목과 오해, 공격이 아니라 이해와 존중, 배려, 역지사지를 내용으로 한 정보사회 윤리를 정립해야 한다.

⑧ 디지털 시대의 직업 간 불평등을 완화해야 한다

디지털 기술은 직업의 형태와 내용, 처우에 영향을 준다. 회사에 소속된 직원의 업무와 역량이 제한적으로 사용될 경우 계약직, 비정규직 형태로 고용되고, 해당 인력의 공급과 수요에 따라 처우가 달라진다. 또한 전문직의 지적 숙련 활동이 인공지능으로 대체될 경우 기존의 높

은 위상과 보수가 약화될 것이다. 많은 업무에서 디지털 기술이 활용되고, 업무 영역의 확장을 희망할 경우 추가적인 훈련과 재교육이 요구된다. 디지털 시대의 직업은 융합과 전환, 확장 등 다양한 형태를 띠므로 이러한 변화가 순조롭게 이루어지도록 직업 간 불평등을 완화할 것이 요구된다.

### ⑨ 기업은 소비자의 생산과 경험 욕구를 충족시켜야 한다

전통적인 소비자의 개념인 구매, 소유, 사용의 개념이 디지털 시대에 와서 흔들린다. 먼저 소비자는 디지털 기술인 3D 프린팅, DIY 제작도구, 디지털 콘텐츠 제작 플랫폼등을 통해 제품은 물론 콘텐츠와 데이터를 직접 만드는 점에서 생산자가 된다. 또한 소비자는 항시적으로 사용하지 않는 제품과 서비스의 접근과 이용을 보장받아 체험을 추구하는 경험자가 된다. 기업이 고객의 생산과 경험 욕구를 충족하기 위해서는 빅데이터를 통한 마케팅 활동에 대한 관심을 늘려야 한다. 빅데이터 활용 과정에서 개인의 프라이버시를 보호해야 함은 물론이다.

### ⑩ 인간과 기계의 동반자 관계에 관심을 가져야 한다

인간이 기계를 만들고 활용하는 주체, 주인의 시대에 기계는 목적 달성과 욕구 충족을 위한 수단으로 취급됐다. 하지만 인간과 기계가 대등한 시대, 나아가 인간보다 기계가 우월한 시대에는 그 관계가 변화한다.

자율주행자동차는 인간이 설계한 프로그램과 입력한 명령을 기계가 수행하지만, 차에 탑승한 순간 차의 판단과 움직임에 영향을 받는다. 인간과 기계가 상호 영향을 주고받는 4차 산업혁명시대의 인간과 기계는 비슷한 위상을 확보함에 따라서 상호 동반자적 관계가 예상된다. 동반자적 관계는 상호 존중을 전제로 한다. 따라서 인간은 기계의 설계와 해체까지 그 존재와 역할을 존중하고, 인정할 것이 요구된다. 그럴 때 역으로, 인공지능 역시 인간의 출생과 사망까지 인간을 존중하고, 활동에 의미를 부여하고, 인정할 것이기 때문이다.

### 2) 제4차 산업혁명과 정보기술

제4차 산업혁명이 디지털 혁명을 기반으로 하여 21세기의 시작과 동시에 출현했다고 주장한 클라우스 슈압(Schwab, 2016)은 그 특징을 유비쿼터스 모바일 인터넷(ubiquitous and mobile internet), 더 저렴하면서 작고 강력해진 센서, 인공지능과 기계학습(machine learning) 등 세 가지를 든다.

그는 제1차 산업혁명(1760~1840년)이 철도 건설과 증기기관의 발명으로 기계 생산 시대를 열었고, 제2차 산업혁명(19세기 말~20세기 초)이 전기와 생산 조립라인으로 대량 생산을 가능하게 했고, 제3차 산업혁명(1960년대-20세기 말)은 반도체와 메인프레임 컴퓨팅(1960년대), PC(1970~1980년대), 인터넷(1990년대)이 발달을 주도한 컴퓨터 혁명, 디지털 혁명을 가져왔는데, 현재 진행 중인 제4차 산업혁명은 기존의 선형적 속도와 다르게 기하급수적 속도로 신기술을 출현시키고, 다양한 과학기술의 융합으로 개인·경제·기업·사회의 패러다임을 바꾸고, 국가 간, 기업 간, 산업 간 그리고 사회 전체 시스템의 변화를 수반하는 시스템 충격을 준다는 점에서 뒷받침되고 있다고 주장한다(Schwab, 2016).

그러면 슈압이 예측한 미래에 등장할 다양한 기술의 내용과 긍정적 부정적 효과 중에서 정보사회의 윤리와 연관하여 살펴보자.

첫째, 디지털 정체성의 올바른 확립이다. 이는 사람들이 인터넷과 소셜미디어·블로그 등으로 연결된 세상에서 활동하면서 정보를 찾고,

공유하고, 자유롭게 생각을 표현하고, 검색하거나 검색당하며, 사실상 세계의 누구와도 관계를 형성, 유지하는 과정에서 균형을 이룰 것을 강조한다. 즉 디지털 사회의 긍정적 효과로는 투명성 증가, 개인 간과 그룹 간의 신속한 상호연결성 증가, 언론 자유의 증대, 정보 보급과 교환의 신속화, 정보 제공 서비스의 효율적 활용 등이 그리고 부정적 효과로는 사생활 침해와 감시의 가능성 존재, 신원 도용의 증가, 온라인 괴롭힘과 스토킹의 증가, 이익단체 내 집단사고(group think)와 양극화 증가, 부정확한 정보 확산, 폐쇄 공간에서 유사한 정보가 증폭되는 반향실 효과(echo chambers effect) 발생, 뉴스 정보의 알고리즘에 대한 접근 제한으로 인한 투명성 부족 등이 각각 나타나므로 신중한 접근이 요구된다.

둘째, 시각 확장의 인터페이스를 몸의 특성과 조화시켜야 한다. 구글 글래스(증강현실(AR) 기술을 활용한 웨어러블 컴퓨터)처럼 인간의 시각이 인터넷 애플리케이션과 데이터에 바로 접근하게 되고, 안구추적 기술을 활용하여 시각이 명령, 시각화, 상호작용의 직접적인 인터페이스가 되는 것으로 긍정적 효과는 개인이 실시간 정보를 활용해 내비게이션에 사용하고, 제조업과 의료 분야 종사자는 시각적 능력의 향상으로 업무 수행 능력이 확대되고, 장애인의 활동을 다양화시키는 점이 기대되지만, 부정적 효과로 주의 산만으로 인한 사고 발생, 몰입형 체험의 후유증에 따른 트라우마(trauma) 형성, 현실도피와 중독성 등이 우려된다(Schwab, 2016: 180-182).

셋째, 웨어러블(wearable) 인터넷에 대한 의존과 중독을 경계해야 한다. 손목시계처럼 착용하는 애플워치의 기능이 스마트폰과 유사한데서 알 수 있듯이 의류와 장신구에 칩을 내장하여 인터넷에 연결시킨 웨어러블 미디어의 긍정적 효과로 건강 증진과 수명 연장, 개인의 자족성 증대, 자율적 건강관리, 효과적인 의사결정, 실종 아동 감소, 주문형 의류 증가 등이 기대되고, 부정적 효과로 사생활 침해와 감시 가능성, 현실도피와 중독, 데이터 보안 위협 등이 제기된다(Schwab, 2016: 183-185).

넷째, 유비쿼터스(ubiquitous) 컴퓨팅이 삶의 질을 향상시켜야 한다. 개인의 인터넷 연결이 스마트폰과 클라우드 서비스로 확산됨으로써 나타나는 긍정적 영향은 고용과 시장 거래 등 경제 활동 증가, 교육과 보건 및 정부 서비스 혜택 증가, 시간과 공간의 제약 없는 인터넷 존재와 활동, 민주화와 시민의 정치적 참여 증대 등이 기대되고, 부정적 영향으로 집단 내 편향성이 커지는 반향실 효과 증대, 정치적 분열 증가, 폐쇄형 네트워크 서비스의 접근 장벽 발생 등이 우려된다(Schwab, 2016: 186-189).

다섯째, 사물인터넷(internet of things)의 사생활 침해와 감시 기능을 규제해야 한다. 모든 물건이 인터넷에 연결되어 스마트해지고 통신능력과 분석 능력이 향상되어 새로운 데이터를 활용한 서비스를 출현시킨 사물 인터넷의 긍정적 효과로 자원 활용의 효율성 증가, 생산성 증가, 삶의 질 향상, 환경 개선, 서비스 가격 인하, 자원 활용의 투명성 증가, 항공과 식품의 안정성 증가, 유통의 효율성 증가, 정보 저장 공간과 통신대역 폭에 대한 수요 증가, 신규 비즈니스 창출 등이 그리고 부정적 효과로 사생활 침해 발생, 비숙련 노동자 일자리 감소, 해킹 위협 증가, 사회의 복잡화로 통제력 상실 등이 각각 지적된다(Schwab, 2016: 198-202).

여섯째, 빅데이터를 활용한 의사결정이 민주주의에 기여해야 한다. 시민이 활동하는 정보의 수집과 분석을 자동화한 빅테이터의 긍정적 영향은 효율적이고 신속한 실시간 의사결정, 오픈 데이터의 활용을 통한 시민에 대한 서비스 향상, 조사와 의사 결정에 소요되는 비용 절감과 새로운 직업의 창출 등이고, 부정적 영향은 사생활 침해 우려, 알고리즘의 소유와 이용이 분리되면서 책임 소재의 불분명, 데이터 신뢰 문제 발생 등이 각각 해당한다(Schwab, 2016: 210-213).

슈압(Schwab, 2016)은 초연결성(hyper-connected)', '초지능화(hyper-intelligent)의 특성을 지닌 4차 산업혁명이 3차 산업혁명에서 발달한 디지털과 바이오산업, 물리학 등 3개 분야의 기술을 융합하여 경제체제와 사회구조를 지능화 중심으로 변화시킨다면서 이러한 기술 혁명은 삶의 규모와 범위, 복잡성 등을 크게 변화시킬 것으로 전망했다.

---

□ 사물인터넷 사례

1. 도하, 상파울루 등 스마트 워터 시스템
    - 카타르 도하, 브라질 상파울루, 중국 베이징 등 주요 도시는 펌프와 상하수도 시스템에 센서를 설치하여 40~50%의 누수 방지 가능
2. 신시내티, 쓰레기 관리 시스템에 사물 인터넷 적용
    - 각 가정의 쓰레기 배출량을 모니터링하여 처리 비용을 부과하는 쓰레기 종량제 프로그램에 사물 인터넷 적용
    - 도시 내 쓰레기 배출량 17% 감소, 재활용 49% 증가
3. 바르셀로나, 스마트 가로등 설치로 에너지 절감
    - 가로등에 센서를 설치→소음 수준 및 공기 오염도 등을 통해 인구 밀집도 파악→자동으로 조명 세기 조절
    - 연간 최소한 30% 에너지 절감 가능
4. 탑콘(Topcon) 트랙터, GPS와 센서를 활용한 농·축산업 효율화
    - GPS를 활용해 파종한 라이우 다시 지나가지 않도록 제어함으로써 트랙터 작업 효율을 20% 개선하고 수확량 증가
5. 바이탈리티 글로우캡(GlowCap), 스마트 약병 서비스
    - 약 뚜껑에 센서를 부착하여 투약 시점에 불빛, 소리, SMS, 전화 등으로 관련 정보 제공
    - 글로우캡 사용 결과 98% 이상의 복약 이행률 발생

자료: 한국정보화진흥원(2012: 13).

## 요약 정리

1. 디지털 문화에 대한 기술 중심론의 견해는 다양한 테크놀로지가 정보사회(사이버) 문화의 특징을 형성한다고 주장하고, 문화 중심론의 견해는 문화적 전통과 기술의 복합적 상호작용과 변증법적 관련에 주목한다. 균형론적 시각은 디지털 문화와 디지털 기술은 상호 발전을 자극하는 조건적 요소이고 변화를 일으킨다고 본다.

2. 패러디(parody) 문화는 디지털 시대에 복제가 용이하다는 점을 활용하여 원본의 유명한 인물과 장면을 차용하여 재미를 추구하거나, 정치, 사회 문제 등을 풍자하고, 비판하거나 조롱하는 문화다.

3. B급 문화와 키치(kitsch) 문화는 높은 인기를 얻었지만 괴상하고, 저속한 내용의 질 낮은 가짜 예술품에서 나온 표현으로 인터넷과 소셜미디어 이용자들이 만든 모방 작품에 유치·폭력·성적 코드를 담아 유머와 즐거움을 추구하는 현상이 늘어나면서 사이버 공간의 놀이로 정착했다.

4. 컨버전스(convergence) 문화는 팬픽션과 웹툰처럼 올드미디어와 뉴미디어의 융합을 거쳐 새로운 장르가 출현하는 현상으로 컨텐츠 생산자와 소비자 간에 복잡하게 상호작용하는 디지털 시대의 특징이다.

5. 팬덤(fandom) 문화는 드라마와 영화 등 미디어 텍스트의 내용과 출연자, 작가, 감독 등에 대한 애호와 충성심을 공유하는 조직화된 공동체 또는 하위문화를 말한다.

6. 한국전자통신연구원(ETRI)이 2017년 9월 발표한 디지털 기술과 사회의 접점에서 발생할 10대 이슈를 분석, 전망한 내용은 ① 인공지능의 민주화 속에서 대규모 기업의 시장 팽창 전략에 주의하고, ② 개방형 혁신 생태계에서 학계의 이론 연구보다 거대 기업의 제품화 연구가 늘어나고, ③ 산업의 디지털화에 성공하는 기업이 생존하고, ④ 디지털 경제의 혜택에 주목하고, ⑤ 기술 소유자의 권력이 커지고, ⑥ 가짜뉴스로 진실을 알기 어려워지고, ⑦ 사이버 공간에서 국경이 만들어지고, 국가안보가 취약해지고, ⑧ 기계와 친숙한 기술계급 사회가 출현하고, ⑨ 개인의 소비와 경험이 생산에 활용되고, ⑩ 기계와 인간이 소통하는 시대가 열리는 등 4차 산업혁명 시대의 큰 변화에 대해 준비할 것을 강조한다.

7. 4차 산업혁명의 특징에 대해 클라우스 슈압은 이동형 인터넷, 강소염가의 센서, 인공지능의 기계학습 등 세 가지를 든다. 그는 '초연결성(hyper-connected)', '초지능화(hyper-intelligent)'라는 4차 산업혁명의 특성이 디지털과 바이오산업, 물리학 등 3개 분야의 기술을 융합하여 경제체제와 사회구조를 지능화 중심으로 전환함으로써 사회를 크게 변화시킨다고 전망했다.

# 4장

# 정보사회와 네티켓

4장의 주제는 정보사회와 네티켓으로 정보의 생산과 수용에서 지켜야 될 예의범절을 다룬다. 정보공급자가 제공하는 정보와 네트워크는 정확성, 신뢰성, 안전성, 프라이버시 보호, 갈등과 범죄의 예방, 해킹과 바이러스 침입 방지와 안정적 서비스 보장이 요구된다. 정보수용자는 획득한 정보가 올바른지, 타당한지, 그리고 타인에게 피해를 주는지를 검토하고, 정확성, 신뢰성과 안전성이 높은 경우에 이를 바탕으로 정보를 가공하거나 또는 다른 정보이용자에게 전달하는 것이 바람직하다. 이와 함께 사이버 언어의 장점과 생성 동기를 살펴보고, 구체적인 윤리 강령과 원칙을 알아본다.

# 1. 정보사회의 예절

## 1) 정보의 생산과 수용

### (1) 정보공급자와 정보수용자

정보의 생산과 수용은 인터넷 공간의 기본 활동 양식이다. 정보의 생산을 인터넷에서는 정보의 공급이라는 넓은 범주로 사용하고, 생산, 제공, 관리에 따라 구분한다.

먼저 정보공급자의 세 유형을 알아보자.

첫째, 정보생산자는 각종 콘텐츠의 개발과 생산을 담당하고, 가공을 통해 재생산하는데 인터넷 신문과 인터넷 방송, 블로그와 소셜미디어의 정보게시자 등이 해당한다. 미디어의 개인화에 따라 개인도 정보생산자로서 활동한다.

둘째, 정보제공자는 콘텐츠의 배포와 공급을 담당하는 포털 사업자와 모바일 앱스토어, 콘텐츠 ISP(internet service provider), 소셜미디어 사업자 등이 포함된다.

셋째, 정보관리자는 각종 콘텐츠가 유통되는 서버와 통신망을 관리, 운영하는데 호스팅 업체와 인터넷 데이터센터, 통신망사업자 등이 있다. IT 전문 기술을 보유하고, 대부분 기업 형태로 운영한다.

다음에 정보수용자는 인터넷과 소셜미디어를 통해 정보를 이용하는 일반 시민을 말한다.

### (2) 정보공급자의 윤리

정보는 일단 생산되면 급속히 확산된다는 점에서 잘못된 정보의 폐해는 매우 크고, 회복하기 어렵다. 정보공급자의 윤리를 정보생산자,

정보제공자, 정보관리자 순으로 알아본다.

첫째, 정보생산자가 생산한 정보는 신속하게 확산하여 사회적으로 큰 영향을 주며, 잘못된 정보와 개인의 명예를 훼손하는 정보, 원본이 변질된 정보, 타인의 저작물을 무단 침해한 정보로 인한 피해를 주지 않도록 각별히 유의해야 한다. 바람직한 윤리로 정보의 정확성, 신뢰성, 전문성을 확보하고, 프라이버시와 명예를 침해하거나 모욕을 주지 말고, 정보의 보안을 유지하고, 저작권을 존중할 것을 들 수 있다.

둘째, 정보제공자는 해당 사이트 이용자의 개인정보 노출에 따른 프라이버시 침해와 경제적 피해를 예방하고, 게시판 공간에서 욕설과 비방을 규제하여 갈등을 예방하고, 불법 유해 정보와 저작권 침해 콘텐츠의 유통을 제한하고, 서버와 통신망을 안전하게 관리하여 이용에 불편이 없도록 노력해야 한다.

셋째, 정보관리자는 서버와 통신망에 지장을 초래하는 해킹과 바이러스 침입을 차단하여 안정적인 서비스 제공을 보장하고, 사고 발생시 신속한 해결 방안을 수립해야 한다.

### (3) 정보수용자의 윤리

인터넷과 소셜미디어에서 정보수용자는 정보를 수용하는 동시에 단순 유포하거나 또는 획득된 정보를 활용하여 가공한 정보를 유포하고, 또는 스스로 독자적인 정보를 생산하는 점에서 다중적 지위에 있다. 복잡한 정보 유통 과정에서 잘못된 정보가 수정, 보완되기도 하지만, 정확한 정보가 왜곡되어 허위 정보가 되기도 한다. 따라서 정보수용자는 획득한 정보가 올바른지, 타당한지, 그리고 타인에게 피해를 주는지를 검토하고, 정확성, 신뢰성과 안전성이 높은 경우에 이를 바탕으로 정보를 가공하거나 또는 다른 정보이용자에게 전달하는 것이 바람직하다. 아울러 정보수용자의 정보 가공과 생산에 있어서 사실과 의견을 밝히고, 타인의 정보에 대해서는 가급적 출처를 구체적으로 밝히도록 한다.

　카페와 블로그 등에서 정보를 게시할 때나 댓글을 달 때 윤리적 태도가 필요하다. 첫째, 역지사지의 태도가 필요하다. 글을 올리기 전, 잠시 상대의 입장과 욕구를 생각해 보면 극단적인 대결이나 갈등이 증폭되는 것을 막을 수 있다. 둘째, 다수의 의견에 휩쓸려서 자신의 글이 누군가를 매도하는 마녀사냥, 일명 네카시즘이 될 수 있다는 점을 인식하는 것이다. '네카시즘'은 네티즌과 메카시즘(McCarthyism)의 합성어로서 2005년 오마이뉴스의 고재열 기자가 처음 사용했다. 즉, 다수의 네티즌들이 특정 개인이나 사회의 특정 이슈에 대해 일방적인 여론몰이를 시도해 공중의 적으로 매도하는 현상을 말한다. 셋째, 명예훼손에 저촉이 되어 법적인 문제를 일으킬 수 있는 혐오표현을 삼가야 한다. 온라인의 글은 익명성이 보장된다고 믿기 쉽지만, 온라인에서는 언제 어디든지 디지털 족적이 남는다는 점을 인지해야 한다. 나의 표현의 자유를 누리기 위해 책임질 수 없는 혐오 표현으로 타인에게 상처를 주거나 심적 고통을 주는 행동을 삼가야 한다.

## 2) 사이버 언어

### (1) 사이버 언어의 특징

　사이버 공간 즉, 가상공간에서 이루어지는 언어 형식이 사이버 언어인데, 송민규(2004)는 전자매체를 매개로 하여 형성된 비대면적 가상의 사이버 공간에서 의사소통 행위를 목적으로 쓴 언어(written language)라고 정의한다.

사이버 언어 대화의 형식은 일상 언어의 대화 특징과 많은 점에서 차이를 보인다(안병섭, 2004). 구체적으로 살펴보면 첫째, 화제 진행이 산발적이며 대화 참여자들이 잦은 화제 전환을 시도하고, 둘째, 대화 참여자들은 하나 이상의 화제에 관여하며 화제 관여에 따라 인간관계를 형성하고, 셋째, 화제의 시작 방법은 '참여자 사이의 면식성'과 '대화방의 제목 유무'에 따라서 다르며, 대체로 '소개하기 - 화제 모색- 화제 시작'의 단계를 거치고, 넷째, 화제 전환은 크게 '이전 화제의 내용 고갈, 새로운 인간관계 형성에 의한 전환, 화자의 가로채기 및 끼어들기에 의한 화제 전환, 방장의 화제 전환'에 의해 일어나며, 원인에 따라서 화제가 전환되는 방법과 특성이 다르다고 설명한다(안병섭, 2004: 103).

사이버 언어의 가장 큰 특징은 가변성으로 익명성이라는 사이버 매체의 특성과 자신을 두드러지게 표현하고 싶은 언어 사용 욕구에서 나왔다(안병섭, 2004: 76). 사이버 언어는 초기의에 경제적 이유로 줄인 말인 축약과 감정을 표현한 이모티콘이 발전했지만, 인터넷망의 발달로 즐거움을 추구하는 오락적 동기가 강화됐고, 소수만이 알아듣는 용어와 비문법적 표현과 욕설, 폭언 등이 늘어났다(이시훈, 2004).

(2) 사이버 언어의 생성 동기

사이버 언어가 생성되는 동기에 대해 이정복(2003; 2011)은 경제적, 표현적, 오락적, 유대 강화, 심리적 해방 등 다섯 가지로 설명한다.

첫째, 경제적 동기는 키보드 입력 시간과 노력을 줄이고 빠르고 편하게 통신 내용을 작성기 위한 목적으로 사용됐고, 통신 언어 사용의 가장 기본적인 방식으로 컴퓨터 도입 이후 초기부터 존재했는데, 줄임말, 자음으로 적기, 소리 나는 대로 적기, 서술어 줄이기, 붙여 적기 등이 있다(이정복, 2003; 2011).

둘째, 표현적 동기는 생동감 있게 표현하거나 또는 뜻을 강조하기 위해 쓰는 통신 언어로 의성의태어를 사용하고 만들기(쓰담쓰담), 음소(우리말의 자음이나 모음 등 단어의 뜻을 이루는 말의 최소 단위) 바꾸기와 사용하기(ㅋㅋ, ㅎㅎ 등), 그림 글자어 쓰기(^^), 기존의 낱말 및 종결어미의 뜻과 모양을 바꾸어 유행시키기(그래요 ⇒ 그래용) 등이 해당하는데 사용자로 하여금 신선함과 격식적 표현의 틀에서 벗어나는 자유로움을 느끼게 한다(이정복, 2003; 2011).

셋째, 오락적 동기는 재미에 초점을 맞춘 것으로 오타로 생긴 표현(완전 ⇒ 오나전)을 새로운 말처럼 지속적으로 쓰거나 알파벳 등을 이용하여 지속적으로 재미있게 적는 방식으로 끝말잇기, 빈칸 채우기, 퀴즈 등도 여기에 해당하는데, 가방에 님을 붙여 '가방님'으로 표현하는 것은 대상을 높이기보다는 반어적이거나 재미를 위한 표현이다(이정복, 2011: 36-41).

넷째, 유대강화 동기는 인터넷 이용자 중에서 나이, 성별, 지역, 직업 등이 비슷한 사람들이 집단을 이루어 활동할 경우 같은 유형의 통신언어를 함께 사용함으로써 동질감, 일체감, 소속감 등을 느끼기 위한 것으로 'ㅎㅎㅎ'와 'ㅋㅋㅋ'는 웃음을 나타내고, 'ㅜ.ㅜ'는 인터넷 이용 집단의 슬픔을 표현하기 위해 사용되며, 방언은 친근함을 보여주고, 때로는 욕설, 외래어, 전문용어, 규범에서 크게 벗어난 통신언어 등이 집단의 유대강화를 위해 사용된다(이정복, 2003; 2011).

다섯째, 심리적 해방 동기 차원에서 인터넷 이용자들이 가장 많이 사용하는 표현은 욕설인데 청소년은 물론 성인들도 인터넷 공간에서 다른 사람에 대한 욕설을 스스럼없이 사용하면서 개인적 스트레스를 해소하려고 한다(이정복, 2011).

## 2. 네티켓

### 1) 네티켓의 정의

　인터넷 공간에서 이용자들은 얼굴을 마주하지 않고 대화를 나누게 되므로 오해와 갈등이 쉽게 발생한다. 인터넷 공간에서 상호 존중하는 분위기를 형성하고, 다툼을 방지하고, 피해를 막기 위해 지켜야 할 자율적 규범으로 통신망(network)과 예의(etiquette)를 합성해 네티켓(netiquette)으로 부른다. 우리나라는 정보통신윤리위원회가 '네티즌 윤리 강령'을 2000년 6월 15일 선포한 이후 교육부의 '정보통신 윤리 교육 지침'(2001년) 작성을 통해 인터넷 윤리 교육의 중요성을 강조했고, 학교와 전문기관을 통해 네티켓 교육을 실시한다.

　네티즌 윤리강령은 인터넷의 주요 사회문제인 음란·폭력 등 불건전 정보 유통과 사이버성폭력, 사이버명예훼손, 인터넷도박 등 사이버 범죄 등에 대처하기 위한 것으로 정보통신윤리위원회와 드림라인 주관으로 네티즌·통신업계·학계·시민단체 등으로 구성된 네티즌 윤리강령 제정위원회가 각계 의견을 모아 만들었다. 전문, 기본정신, 행동강령 세 부분으로 구성된 윤리강령의 전문에서 사이버공간에서 네티즌의 자유·권리에 대한 책임과 의무, 윤리강령의 제정취지를 담고, 기본정신에서는 사이버공간의 주체인 네티즌들이 평등하고 개방 된 사이버공동체를 자율적으로 건선하게 가꾸어야 한다는 네티즌윤리강령의 기본방향을 제시했고, 기본정신을 구체화한 행동강령은 사이버공간에서 다른 사람의 인권 및 사생활 존중, 불건전한 정보 배격, 건전한 정보 제공, 바른 언어 사용, 바이러스유포 및 해킹금지, ID 실명사용 등을 포함한 10가지 행동 규범을 담고 있다(정보통신부, 2000.6.15).

□ 네티즌 윤리강령

정보통신 환경의 변화에 따라 사이버 공간의 이용이 급증하고 있다. 네티즌은 사이버 공간에서 유익한 정보를 서로 나누고 건전한 인간관계를 형성하며, 다양한 경험을 쌓는다. 또한 사이버 공간을 통해 정보사회의 성숙한 인간으로 성장하며, 인류사회 발전에 기여한다.

사이버 공간의 주체는 네티즌이다. 네티즌은 사이버 공간에서 표현의 자유와 권리를 가지고 있으며, 동시에 의무와 책임도 지니고 있다. 이러한 권리가 존중되지 않고 의무가 이행되지 않을 때 사이버 공간은 무질서와 타락으로 붕괴되고 말 것이다.

이에 사이버 공간을 모두의 행복과 자유, 평등이 실현되는 공간으로 발전시킬 수 있도록 '네티즌 윤리강령'을 제정하고 이를 실천할 것을 다짐한다.

□ 네티즌 기본 정신

○ 사이버 공간의 주체는 인간이다.
○ 사이버 공간은 공동체의 공간이다.
○ 사이버 공간은 누구에게나 평등하며 열린 공간이다.
○ 사이버 공간은 네티즌 스스로 건전하게 가꾸어 나간다.

□ 행동 강령

1. 우리는 타인의 인권과 사생활을 존중하고 보호한다.
2. 우리는 건전한 정보를 제공하고 올바르게 사용한다.
3. 우리는 불건전한 정보를 배격하며 유포하지 않는다.
4. 우리는 타인의 정보를 보호하며, 자신의 정보도 철저히 관리한다.
5. 우리는 비·속어나 욕설 사용을 자제하고, 바른 언어를 사용한다.
6. 우리는 실명으로 활동하며, 자신의 ID로 행한 행동에 책임을 진다.
7. 우리는 바이러스 유포나 해킹 등 불법적인 행동을 하지 않는다.
8. 우리는 타인의 지적재산권을 보호하고 존중한다.
9. 우리는 사이버 공간에 대한 자율적 감시와 비판활동에 적극 참여한다.
10. 우리는 네티즌 윤리강령 실천을 통해 건전한 네티즌 문화를 조성한다.

## 2) 네티켓 핵심 규칙

정보사회에서 네티켓의 중요성에 대한 사회적 인식이 확산될 즈음, 미국 플로리다대학교 버지니아 쉬어(Virgina Shea) 교수는 네티켓 핵심 규칙을 다음과 같이 제시했다(Shea, 1994).

제 1원칙. 인간임을 기억하라(Remember the human).
인터넷의 익명성으로 상대가 인격체라는 것을 잊기 쉬움을 경계할 필요가 있다.

제 2원칙. 실제 생활에서 적용되는 것과 똑같은 기준과 행동을 고수하라 (Adhere to the same standards of behavior online that follow in real life). 실제 생활에서 주변의 시선과 처벌을 두려워하고 법을 지키듯이 인터넷에서도 우리의 행동에 주의하자.

제 3원칙. 현재 자신이 어떤 곳에 접속해 있는지 그 곳 문화에 어울리게 행동하라(Know where you are in cyberspace).
지역별, 공간별 문화에 따라 허용되고 금지되는 행동이 다르다는 점을 유의하자.

제 4원칙. 다른 사람의 시간과 정보를 존중하라(Respect people's time and bandwidth).
다른 사람이 내가 제공한 정보로 시간을 낭비하지 않도록 배려하고, 꼭 필요한 정보인지를 먼저 생각하자.

제 5원칙. 온라인상의 당신 자신을 근사하게 만들어라(Make yourself look good online).
익명성으로 인해 외양과 행동보다는 글의 수준으로 사람을 평가하므로 공격적 언어는 자제하고, 정중한 표현을 사용하고, 논리적으로 글을 작성하자.

제 6원칙. 전문적인 지식을 공유하라(Share expert knowledge).

정보 공유의 공간을 풍성하게 활용하려면 서로에게 도움이 되는 전문지식을 제공할 필요가 있다.

제 7원칙. 논쟁은 절제된 감정 아래 행하라(Help keep flame wars under control).

서로 다른 입장과 의견을 가진 다양한 사람들의 활동으로 논쟁은 불가피하지만 감정과 억지를 피하고 이성과 논리적으로 하자.

제 8원칙. 다른 사람의 사생활을 존중하라(Respect other people's privacy).

타인의 이메일과 개인 자료를 허락 없이 접근하거나, 복사하여 배포할 경우 프라이버시 침해에 해당하므로 모은 이용자의 사생활을 보호하자.

제 9원칙. 당신의 권력을 남용하지 말라(Don't abuse your power).

사이트 운영자나 동호회 대표는 일반 회원보다 더 많은 권한을 갖게 되는데, 개인이 아니라 회원 전체의 이익을 위해 신중하게 권한을 행사해야 한다.

제10원칙. 다른 사람의 실수를 용서하라(Be forgiving of other people's mistakes).

누구나 인터넷 초보자로서 미숙한 상태에서 실수하므로 포용하고, 부득이하게 실수를 지적하고 수정을 요구할 경우 공개 메시지보다는 이메일 등 개별 통로를 활용하자.

### 3) 유형별 네티켓 사례

유형별 네티켓의 사례 중에서 소셜미디어 네티켓은 최근의 연구 현황을 그리고 인터넷의 네티켓은 방송통신심의위원회의 블로그 내용을 중심으로 각각 정리했다. 이메일을 비롯한 다양한 미디어의 네티켓은 리날디(A. H. Rinaldi, 1992)가 플로리다 아틀랜틱 대학교의 교직원에게 인터넷을 지도할 때 쓴 네트워크상의 가이드라인(The Net: User Guidelines and Netiquette)에서 제시한 네티켓 가이드라인을 참고하여 조정우(2002)가 작성한 내용을 중심으로 소개한다.

(1) 소셜미디어 네티켓

먼저 소셜미디어는 페이스북과 트위터, 카카오톡, 라인처럼 컴퓨터와 모바일 인터넷을 통해 연결된 대인 관계형 서비스 가입자들이 서로 정보와 의견을 공유하는 플랫폼으로 1인 미디어, 1인 커뮤니티 성격을 띠고 있다.

소셜미디어의 주요한 특징으로 온라인상의 참여, 공개, 대화, 커뮤니티, 연계성 등이 제시되는데, 참여는 메시지와 사진, 동영상 등 콘텐츠에 대한 댓글에서 보듯이 피드백을 권장하고, 공개는 이용자들이 정보와 코멘트를 공유하고, 대화는 방송의 일대 다로 일방적 전달에서 일대 다 또는 일대 일 대화 위주의 쌍방향 커뮤니케이션 형태이고, 커뮤니티는 공동체 구축이 매우 용이하고, 연계성은 다른 사이트와 다른 이용자에게 쉽게 옮겨가는 것을 각각 의미한다(iCrossing, 2008).

이러한 소셜미디어를 통해 형성되는 인간관계가 상호 신뢰감 속에 친밀하고, 협조적인 수준으로 발전하기 위해서는 정보 교류에 필요한 기본 예절을 지키고, 상대방이 원하지 않는 표현을 사용하거나 정보를 제공하지 말아야 한다. 또한 게시판 활동에서도 동일하거나 비슷한 텍스트와 이미지를 반복적으로 게시할 경우 시간을 허비하도록 한다는 지적을 받으므로 정보를 수용하는 입장에서 꼭 필요한 정보를 메시지의 분량과 횟수를 고려하여 제공할 것이 요구된다.

소셜미디어(SNS)에 관한 조사(SK커뮤니케이션즈, 2013)에서 SNS 사용자 10명 중 8명은 너무 많은 정보와 관계로 피로감과 불편함을 경험

했고, 주요 불만요인으로는 '콘텐츠 피드(feed)(88%)', '사생활 노출(85%)', '인맥관리(84%)' 등을 들었고, '친하지 않은 사람에게 내 사생활과 솔직한 글이 노출될까 걱정된다'(51.8%), '친하지 않은 사람의 친구 신청(39.1%)', '빈번하게 쓰는 특정인 몇 명에 의한 글 도배(38%)', '원하지 않는 상대에게 내가 친구로 추천되는 것(36.9%)' 등에 부담감을 느꼈다.

이에 따라 제기되는 소셜미디어 이슈와 관련해 이윤희(2014)는 프라이버시 침해에 따른 자기정보결정권의 확보를 비롯해 사이버 폭력의 방지와 예방 교육 실시, 비슷한 동조집단끼리의 네트워크만을 강화하여 사회적 양극화와 관계 고립 초래, 허위사실 유포로 정보 신뢰도 저하, 정보 과부하로 이용자 피로감 증대 등을 제시하면서 이러한 문제를 해결하지 않으면 소셜미디어 생태계의 발전이 어렵다고 경고했다.

소셜미디어 활동에서 지켜야 할 네티켓 다섯 가지(최희식·김상균, 2016: 45)에 최근 현실을 반영하여 다음 8가지로 제시한다.

① 친구의 신청과 수락은 신중할 것: 광고 목적으로 친구 관계를 형성할 경우 불만이 커질 수 있다.
② 업무 내용 전파에 주의할 것: 기업의 업무 중에서 기밀이거나 보호가 필요할 경우 전파하지 않고, 확신이 서지 않을 경우 정보 게시자의 동의를 받아 전파한다.
③ 사진은 논란이 없을 경우에만 게시할 것: 방문자들이 사진을 보고 불쾌감을 느낄 수 있는 경우 게시하지 않는다.
④ 타인의 사행활을 보호할 것: 타인의 사생활 관련 정보는 보호하고, 필요시 당사자의 동의하에 올린다.
⑤ 정보를 검증할 것: 정보 내용이 왜곡되거나 허위일 경우 정보 게시에 책임을 져야 한다.
⑥ 개인과 전체 메시지를 구분할 것: 특정 개인에게 보낼 메시지를 전체에게 공개하지 않는다.

⑦ 정보를 광고에 활용하지 말 것: 타인의 글과 이미지, 동영상을 광고에 활용하지 않고, 필요시 동의를 받는다.
⑧ 비방을 삼갈 것: 익명성에 숨어서 누군가를 비방할 경우 법적 책임을 감수해야 한다.

(2) 인터넷 네티켓

방송통신위원회 블로그 (http://blog.daum.net/kcc1335/1245)에서 제시한 인터넷 네티켓 10개 항을 소개한다.

① 음란물이나 불건전한 정보를 올리거나 이용하지 않아야 한다.
② 함부로 욕설 비방을 하지 말아야 한다.
③ 바이러스를 퍼뜨리거나 해킹같은 불법적인 행동을 하면 안 된다.
④ 다른 사람의 개인정보를 보호하고, 자신의 정보도 잘 보호해야 한다.
⑤ 불법 소프트웨어를 사용하지 않아야 한다.
⑥ 인터넷 공간은 여러 사람들이 함께 하는 곳이라는 것을 알고 남을 배려해야 한다.
⑦ 다른 사람을 불쾌하게 하거나 피해를 주면 안된다.
⑧ 인터넷을 적당히 이용하는 습관을 가져야 한다.
⑨ 인터넷 문화를 건전하고 아름답게 가꾸는데 앞장서야 한다.
⑩ 우리는 사이버 공간에 필요한 예절을 익혀야 한다.

(3) 이메일 네티켓

이메일을 사용할 때 주의사항이다(조정우, 2002: 89-90에서 정리함).

① 날마다 메일을 체크하고 중요하지 않은 메일은 즉시 지운다.
② 이메일 사용후 반드시 로그오프를 확인한다. 자신의 ID나 비밀번호를 타인에게 유출되지 않도록 조심한다.
③ 흥분한 상태에서는 메일을 보내지 않는다.
④ 회신시 상대방 의견을 직접 인용하여 **본문** 내에 넣는 것은 삼가고, 동의한다고 하는 한 줄 정도의 글로 간결하게 회신한다.

⑤ 제목은 메시지 내용을 함축하여 간략하게 써야 한다.
⑥ 메시지 끝에 서명(성명, 직위, 단체명, 메일주소, 전화번호 등)을 포함시키되 4줄을 초과하지 않도록 한다.
⑦ 메일상에서 타인에 대해 말할 때는 정중함을 지켜야 한다. 메일은 쉽게 전파될 수 있기 때문이다.
⑧ 타인에게 피해를 주는 언어(비방이나 욕설)에 각별히 유의해야 한다.

(4) 온라인 대화의 네티켓

온라인 대화는 일대 일(一對一) 대화와 다대 다(多對多) 대화로 구분된다. 익명일 경우 더욱 주의해야 한다(조정우, 2002: 90).

① 마주보고 이야기하는 마음가짐으로 임한다.
② 만나고 헤어질 때에는 인사를 하자.
③ 대화방에 처음 들어가면 지금까지 진행된 대화의 내용과 분위기를 어느 정도 경청하는 것이 좋다.
④ 리턴 키를 치기 전에 한 번 더 생각하라. 즉 다른 사람이 당신을 느끼고 평가하는 것은 오로지 당신이 타이핑하고 있는 글자에 따른다는 것을 항시 명심해야 한다.
⑤ 동시에 몇 사람과 이야기할 때에는 상대방을 혼동하지 않도록 조심해야 한다. 지극히 개인적인 논조는 피한다.
⑥ 광고, 홍보 등 이름 날리기만을 목적으로 고의로 악용하지 않는다.
⑦ 유언비어, 속어와 욕설 게재는 삼가고, 상호비방의 내용이나 타인의 명예를 훼손시킬 우려가 있는 내용은 금한다.

(5) 단체 메일과 그룹토의 네티켓

단체 메일과 그룹토의에서 다양한 사람과 여러 차례 정보를 교환하게 되므로 그에 맞는 사용예절이 요구된다(한국정보문화진흥원, 2004)

① 개인에게 보내야 할 메일이 리스트 전체에게 가지 않도록 주의한다.
② 말머리 제도를 이용한다(예: [긴급], [제안], [잡담] 등).

③ 선정적이거나 야한 제목을 무턱대고 써서는 안 된다.
④ 수신한 메일을 발신자의 허가없이 메일링 리스트나 유즈넷에 재전송하는 것은 예의에 벗어난다.
⑤ 메일리스트에 참여할 때 며칠은 질문내용이나 메시지를 관전하며 분위기를 파악하다가 그 그룹의 논지를 파악한 후 참여하도록 한다.
⑥ 기존에 FAQ를 파악하여 같은 질문을 던지지 않도록 해야 한다.
⑦ 리스트 관리자가 제시한 지침이나 네티켓 표준을 따르도록 한다.
⑧ 각국의 다양한 멤버를 고려해 극히 지역적인 표현은 삼간다.
⑨ 토론 그룹에 질문할 경우 회신은 개인적으로 직접 받도록 요구하고, 회신내용을 요약해 그룹에 재전송한다.
⑩ 메시지 발송시 자신의 메일 계정을 사용하도록 하고, 조직 내 공통 계정의 사용은 피한다.

(6) 웹 문서 작성 네티켓

웹 사이트 구축 목적에 맞게 개설, 운영하고, 가치가 큰 정보를 항상 새롭게 제공해야 한다(조정우, 2002: 92-93).

① 문서상에 매우 큰 그래픽 이미지를 넣지 않는다. 불가피하게 넣어야 할 경우 그림명과 사이즈를 표시하고, 이를 선택할 경우만 액세스할 수 있도록 한다.
② 비디오나 오디오 파일을 포함시킬 경우 파일 크기를 미리 알려 사용자가 미리 다운로드 시간을 추측할 수 있도록 배려한다.
③ URL은 표준 표기를 따르도록 하고, 자주 바꾸는 것을 삼간다.
④ HTML 문서 하단에 작성자 전자우편 주소를 넣어, 사용자와의 대화의 창을 열어둔다.
⑤ 문서 작성자는 최소한 일주일에 한번 이상은 갱신해야 하며, 항상 최신 수정 일을 문서 내에 포함시켜 그 문서가 계속 운영되고 있음을 알려주는 것이 좋다.
⑥ 자신의 고유한 저작물에 대해서는 상표나 저작권을 반드시 기재하도록 한다.

⑦ 사용자가 원하는 정보에 접근하기 위해 너무나 많은 화면을 거치지 않도록 한다.

(7) 공개자료실 예절

공개자료실은 이용자 상호 유용한 자료를 교환하는 공간이다(조정우, 2002: 91).

① 상업용 소프트웨어는 올리지 않는다.
② 음란물은 올리지 않는다.
③ 공개용 소프트웨어를 올리기 전에는 반드시 바이러스 감염여부를 점검한 후 올린다.
④ 유익한 프로그램이나 자료를 받았을 때는 자료를 올린 사람에게 감사편지를 보낸다.
⑤ 공개자료실에 등록할 자료는 가급적 압축한다.

(8) 인터넷 게임의 네티켓

① 게이머도 일종의 스포츠맨이므로 스포츠맨십을 가져야 한다.
② 상대방에게 항상 경어를 사용한다.
③ 이겼을 때는 상대를 위로하고 졌을 때는 깨끗하게 물러서야 한다.
④ 상대를 존중하는 것을 잊어서는 안 된다.
⑤ 게임 중에 일방적으로 퇴장하는 것은 무례한 일이다.
⑥ 온라인 게임은 온라인상의 오락으로 끝나야 한다.
⑦ 인터넷 게임에 너무 집착하지 않는다.(한국정보문화진흥원, 2004)

## 요약 정리

1. 정보공급자의 윤리와 관련해 정보생산자는 정확하고, 신뢰할 수 있고, 타인에게 피해를 주지 않는 안전한 정보를 생산할 것이, 정보제공자는 이용자의 개인정보 노출에 따른 프라이버시의 침해, 이용자의 갈등과 범죄를 예방할 것이, 그리고 정보관리자는 서버와 통신망에 지장을 초래하는 해킹과 바이러스 침입을 차단하여 안정적인 서비스 제공을 보장할 것이 각각 해당한다.
2. 정보수용자는 획득한 정보가 올바른지, 타당한지, 그리고 타인에게 피해를 주는지를 검토하고, 정확성, 신뢰성과 안전성이 높은 경우에 이를 바탕으로 정보를 가공하거나 또는 다른 정보이용자에게 전달하는 것이 바람직하다.
3. 사이버 언어의 장점은 강한 유대감, 언어의 미관상 아름다움, 온라인 소통 활성화, 구별의 쾌감이며 단점은 한글 파괴, 세대간 소통 단절, 차별 용어(지역, 인물). 개인 성향 집중 등이다.
4. 사이버 언어 생성의 다섯 가지 동기는 경제적, 표현적, 오락적, 유대 강화, 심리적 해방 동기 등이다.
5. 네티켓(netiquette)은 인터넷 공간에서 이용자들이 얼굴을 마주하지 않고 대화를 나누게 되므로 오해와 갈등을 방지하고, 피하기 위해서는 지켜야할 자율적 규범으로 통신망(network)과 예의(etiquette)를 합성한 표현이다.
6. 네티즌윤리강령은 전문, 기본정신, 행동강령 세 부분으로 구성된다. 전문은 사이버공간에서 네티즌의 자유·권리에 대한 책임과 의무, 윤리강령의 제정 취지를, 기본정신은 네티즌들이 평등하고 개방된 사이버공동체를 자율적으로 건전하게 가꾸어야 한다는 방향을, 그리고 행동강령은 사이버공간에서 다른 사람의 인권 및 사생활 존중, 불건전한 정보 배격, 건전한 정보 제공, 바른 언어 사용, 바이러스유포 및 해킹금지, ID 실명사용 등을 포함한 10가지 행동 규범을 각각 포함했다.
7. 정보사회에서 네티켓의 중요성에 대한 사회적 인식이 확산될 즈음, 미국 플로리다대학교 버지니아 쉬어(Virgina Shea, 1994) 교수가 네티켓 핵심 규칙 10개 사항을 제시했다.
8. 네티켓은 소셜미디어, 인터넷, 이메일, 온라인 대화, 단체 메일과 그룹 토의, 웹 문서 작성, 공개자료실, 인터넷 게임 등으로 나누어 각각의 특성에 맞게 설정하여 지킬 것이 요구된다.

# 5장

# 정보격차와 웹 접근성

정보격차는 정보사회의 어두운 그림자다. 웹 접근성은 어둠을 밝히는 빛이다. 정보 부자는 정보기술과 정보자원을 충분히 확보하고, 이를 바탕으로 정보는 물론 경제적 혜택도 누린다. 하지만 정보 빈자는 정보의 소외로 경제적 불이익을 입는다. 이처럼 정보의 불평등 구조를 가리키는 용어로 디지털 디바이드(digital divide, digital gap)라는 표현이 사용된다. 정보격차를 해소하기 위해 정부와 사회, 기업, 개인이 모두 노력해야 한다. 정보격차 해소를 위한 정부 정책은 웹접근성 제고 방안, 정보기기 보급 확대, 정보화 교육 실시 등 세 차원에서 진행된다. 구체적으로 정보격차와 관련해 어떤 문제점과 해결 방안이 있는지 알아본다.

# 1. 정보격차

## 1) 정보격차의 개념

정보격차는 새로운 정보기술에 접근하고 활용할 수 있는 능력의 차이가 경제적, 정치적, 사회적 격차에 영향을 주고, 그 간격이 더욱 확대, 심화되는 현상을 말한다. 정보사회에서 정보는 누구에게나 열려 있다. 정보를 이용할 수 있는 시민은 많은 혜택을 누린다. 하지만 정보를 이용하는 과정에서 하드웨어인 컴퓨터와 모바일 등을 구매할 비용이 소요된다. 이러한 비용을 지불하지 못할 경우 정보 접근이 차단된다. 또한 인터넷 서비스를 제공하는 통신사는 매월 일정한 망 접속 요금을 요구하므로 경제적 격차가 정보격차를 가져온다. 이와 함께 인터넷 이용 교육을 받지 못한 이들에게는 컴퓨터와 인터넷 인프라가 제공되어도 정보 활용과 혜택을 누리지 못한다. 그리고 장애인이 정보사회를 살아가려면 시각과 청각의 장애를 극복하는 보조 장비를 구비하고, 이를 활용하는 훈련을 받아야 한다. 이처럼 정보사회에서 누구나 정보의 혜택을 누리도록 하려면 정보격차의 극복에 관심을 가져야 한다(이진로, 2009).

1990년대 중반 미국에서 정보 접근에서 뒤떨어진 노동자 계층의 경제적 지위가 하락하고, 빈부격차의 심화는 다시 정보격차를 더욱 심화시키는 악순환이 발생하자 사회의 양극화 현상을 우려한데서 정보격차 개념이 제기됐다. 미국정부는 정보격차의 부작용에 대비하여 클린턴 정부 기간 중 부통령 앨 고어를 중심으로 교육과 기술 혁신 정책을 추진했고, 클린턴 대통령이 2000년 정보격차 해소 정책을 발표하고, 컴퓨터와 인터넷 이용의 보편적 서비스화를 추진했다. 구체적으로 저렴한 컴퓨터의 보급, 인터넷서비스사업자 간의 가격경쟁으로 인터넷 접속료 인하 촉진, 기업의 저소득층 정보 이용 지원과 세제 혜택 제공 등에 힘입어 정보격차 해소에 성과를 거두었다.

우리나라는 1997년부터 정보소외 계층을 대상으로 정보통신 기기 개발·보급, 정보 접근성 제고, ICT 정보화교육을 진행하는 등 정보사회에서 누구나 정보통신 서비스에 접근하고 이용할 수 있도록 다양한 정보격차 해소 정책을 추진했다. 이 정책의 법적 근거로 2001년 제정된 「정보격차해소에 관한 법률」이 폐지되고 2013년부터 「국가정보화기본법」으로 개정되어 이어지고 있다.

## 2) 정보격차의 원인과 문제점

### (1) 정보격차의 원인

정보격차는 정보가 부의 창출에서 중요한 역할을 수행하는 정보사회에서 정보기술과 정보자원을 충분히 확보하고 있는 정보 부자와 정보로부터 소외된 정보 빈자 사이에서 초래되는 정보의 불평등 구조를 말한다. 정보의 가치가 커지면서 정보 자원에 대한 접근과 이용 권한이 큰 집단은 더 많은 소득과 재산, 권력을 갖게 되고, 이는 다시 우수한 품질의 정보를 획득하도록 한다. 반대로 경제적, 사회적 지위가 낮을수록 정보에 대한 접근과 이용이 축소되면서 경제적, 사회적 지위가 더욱 낮아지게 된다.

정보격차의 영역을 정보 접근성과 활용 능력으로 나누어 볼 수 있다. 정보 접근성이 컴퓨터나 스마트폰 등의 정보 미디어를 소유하고 있는가와 소유한 정보 미디어의 성능과 인터넷 접속 조건에 따라 좌우

되는 점에서 하드웨어 측면에 해당한다면, 정보의 활용 능력은 정보 미디어를 필요한 목적에 적합하게 사용하고, 정보의 유익성과 유해성을 판별하고, 효과적으로 정보를 선택하는 과정에서 지식과 노하우가 작용하는 점에서 소프트웨어 측면이 강하다. 정보활동 능력의 다섯 가지 종류와 내용은 다음과 같다(최희식·김상균, 2016: 55).

① 컴퓨터 활용 능력: 컴퓨터에 대한 이해와 지식으로 컴퓨터를 활용하는 능력
② 멀티미디어 활용 능력: 정보, 커뮤니케이션, 멀티미디어 기술을 통합하여 멀티미디어를 활용하는 능력
③ 정보통신 활용 능력: 디지털 기술, 커뮤니케이션 도구, 네트워크를 이용한 정보의 접근, 관리, 통합, 평가를 통해 지식사회에 필요한 정보를 창출하는 노력
④ 미디어 활용 능력: 매체나 기술 자체보다는 담고 있는 메시지를 다양한 유형으로 접근, 분석, 평가하고 커뮤니케이션할 수 있는 능력
⑤ 디지털 활용 능력: 디지털 정보를 평가, 판단하고 자신에게 필요한 정보를 취사선택, 편집, 가공하여 새로운 지식을 창출하는 능력

(2) 정보격차의 문제점

① 사회적 측면

정보사회에서 정보통신 기술과 컴퓨터, 휴대폰 등을 이용하지 못하는 사람은 고립과 소외에 직면한다. 왜냐하면 인터넷과 소셜미디어를 통해 이루어지는 사람들의 커뮤니케이션에서 소외되기 때문이다. 직장에서의 업무 처리도 정보 기기를 통해 이루어지므로 정보격차는 취업과 직장생활에도 영향을 준다.

② 경제적 측면

정보사회의 경제 활동에서 전자상거래와 e비지니스의 비중이 커지는데 따라서 정보기술의 영향이 커지고 있다. 기업에서 제품의 구매와

판매 등 거래가 정보기기를 통해 이루어지고, 은행과의 거래도 인터넷 뱅크, 모바일 앱 등의 도움으로 편리하게 진행된다. 이처럼 정보기술을 활용한 경제 활동은 보다 동일한 제품을 구매할 때, 더 저렴한 비용을 지불하도록 도와준다. 따라서 정보격차는 경제적 이익 추구와 효율성 제고에 영향을 준다.

③ 계층 간 불평등 측면

정보격차는 소득별 차이로 구분한 집단 간 소득 불평등을 심화시킨다. 왜냐하면 정보기기의 구매와 이용에 상당한 비용이 소요되므로 이를 감당할 수 있는 부유층과 정부의 보조 없이는 이용하기 어려운 빈곤층 사이에 격차가 존재하기 때문이다. 빈부의 격차는 정보기술의 이용 격차를 가져오고, 정보격차를 심화시키고, 이는 다시 빈부 격차를 확대시킨다. 정보 기기와 활용 정도가 업무와 학습 성과에 영향을 주기 때문이다.

또한 정보격차는 세대별 차이로 구분한 집단 간 생활 복지의 불평등을 확대시킨다. 새로운 미디어 기술을 적극 수용하는 청년층과 이러한 기술의 수용이 지체된 노년층 사이에 미디어 기술격차로 인한 정보격차가 존재하고, 정보기술에 미숙한 노년층의 활동 기회를 줄이고, 성과도 낮춤으로써 생활과 복지 격차를 낳기 때문이다.

소득별, 연령별 정보격차는 사고와 행동의 차이로 이어지고, 결국 사회통합을 가로막아 극심한 갈등과 분열 현상이 발생할 경우에 사회를 위기에 빠뜨린다는 점에서 대책이 요구된다.

## 3) 정보격차의 현실

정보격차의 소외 계층으로 지체, 뇌 병변, 청각, 언어, 시각 장애를 가진 이들과 더불어 저소득층, 노년층, 농어민, 북한 이탈 주민, 결혼 이민자 등을 들 수 있다. 이들 소외 계층의 경우 인터넷 활용 능력 부족을 비롯해 노후한 PC 기종의 보유, 활용의 제한성, 이용료 부담, 정보사용 과정에서 금융사기 등의 피해 발생, 인터넷 이용시 신체적 제약으로 인한 불편함 등을 경험한 비율이 비장애인에 비해 높다(최회식·김상균, 2016).

우리나라의 높은 스마트폰 보급률(2016년 말 기준 85%)에도 불구하고, 장애인, 고령층, 저소득층, 농어민, 결혼 이민자 등 사회적, 경제적, 신체적 여건에 따라 정보 이용이 어려운 정보소외계층이 발생했고, 이들은 '정보격차'로 인해 소득과 삶의 질 저하, 사회참여 기회 축소 및 계층 간 소득격차 심화 등에 직면했다(과학기술정보통신부, 2017: 530).

정부의 '2016 디지털정보격차 실태조사' 결과에 따르면 유무선 정보통신환경에서 정보취약계층(장애인·장노년층·저소득층·농어민)의 디지털정보화수준은 일반국민의 58.6%로 전년(52.4%) 대비 6.2% 개선되었다.

조사 부문별로 살펴보면, 컴퓨터, 모바일스마트기기, 인터넷접근 가능정도를 나타낸 디지털접근수준(84.5%)은 일반국민과의 격차가 15.5%로 상대적으로 작았으나, 컴퓨터, 모바일 스마트기기, 인터넷 등의 기본적인 이용여부를 보여준 디지털역량수준(45.2%)과 컴퓨터, 모바일 스마트기기, 인터넷의 양적, 질적 활용정도를 가리키는 디지털활용수준(59.0%)은 격차가 각각 54.8%, 41.0%로 큰 차이를 보였다.

구체적으로 전년 대비 디지털접근수준은 10.8%(73.7%→84.5%), 디지털역량수준은 7.8%(37.4%→45.2%), 디지털활용수준은 7.4%(51.6%→59.0%) 상승했다.

이 조사는 미래창조과학부(2017년 과학기술정보통신부로 명칭 변경)와 한국정보화진흥원이 전국 장애인, 장노년층(55세로 변경), 농어민, 저소득층의 디지털정보화 수준을 알아본 것으로 전국 17개 광역시·도

15,000명을 대상으로 일대일 면접 방식으로 진행되었다(미래창조과학부, 한국정보화 진흥원, 2016).

계층별 정보격차를 살펴보면, 저소득층(77.3%)은 일반국민과의 격차가 22.7%로 상대적으로 작았으나, 장애인(65.4%), 농어민(61.1%), 장노년층(54.0%) 격차는 각각 34.6%, 38.9%, 46.0%로 큰 차이를 보였고, 전년대비에서 저소득층은 2.8%(74.5%→77.3%), 장애인은 2.9%(62.5%→65.4%), 농어민은 5.9%(55.2%→61.1%), 장노년층은 8.4%(45.6%→54.0%)로 장노년층의 디지털 정보화 수준이 가장 크게 상승하였다. 장노년층 등 정보취약 계층 대상 스마트기기 보급 및 모바일 활용 교육 비중 확대 등으로 취약계층의 디지털 정보격차가 줄어들었다고 평가했다.

〈표 2〉 조사부문별 디지털정보화 수준 추이 (단위 :%)

| 구 분 | 2014년 | 2015년 | 2016년 |
|---|---|---|---|
| 접근수준 | 72.3 | 73.7 | 84.5 |
| 역량수준 | 34.6 | 37.4 | 45.2 |
| 활용수준 | 47.7 | 51.6 | 59.0 |
| *평균 | 50.1 | 52.4 | 58.6 |

* 전체 국민의 디지털정보화수준을 100으로 할 때, 일반국민 대비 정보취약계층의 디지털정보화수준을 의미
자료: 미래창조과학부, 한국정보화진흥원, 2016.

〈표 3〉 정보취약계층별 디지털정보화 수준 추이 (단위 :%)

| 구 분 | 2014년 | 2015년 | 2016년 |
|---|---|---|---|
| 장애인 | 60.2 | 62.5 | 65.4 |
| 저소득층 | 72.5 | 74.5 | 77.3 |
| 농어민 | 51.4 | 55.2 | 61.1 |
| 장노년층 | 42.4 | 45.6 | 54.0 |
| *평균 | 50.1 | 52.4 | 58.6 |

* 전체 국민의 디지털정보화수준을 100으로 할 때, 일반국민 대비 정보취약계층의 디지털정보화수준을 의미
자료: 미래창조과학부, 한국정보화진흥원, 2016.

그러나 장노년층의 디지털정보화수준이 다른 계층에 비해 여전히 낮은 수준이어서 장노년층을 위한 정보격차해소 정책을 적극적으로 추진하는 한편, 디지털역량 수준 개선을 위해 계층별 맞춤형 정보화교육을 강화하고 교육콘텐츠를 개발한다는 입장을 보였다(미래창조과학부, 한국정보화진흥원, 2016).

### 4) 정보격차의 해소 방안

정보격차 해소를 위한 정부 정책은 웹접근성 제고 방안, 정보기기 보급 확대, 정보화 교육 실시 등 세 차원에서 진행된다. 웹 접근성 제고 방안은 다음 절에서 살펴보고, 여기서는 정보 기기 보급 확대와 정보화 교육 실시 등 두 방안을 중심으로 살펴본다.

먼저 정보기기 보급 확대 사업은 정부가 급속히 발전하는 정보화 환경 속에서 신체적, 경제적, 지역적 여건 등으로 정보통신 제품과 서비스에 접근이 어려운 정보소외계층에게 '평등한 정보 접근 기회'를 제공하는 것으로 장애인, 고령층 등을 위한 정보통신 보조기기 개발·보급, 저소득층을 대상으로 한 '사랑의 그린PC' 보급, 청각·언어장애인을 위한 통신중계 서비스 등이 해당한다(과학기술정보통신부, 2017: 534).

통신중계 서비스는 통화가 어려운 청각·언어장애인이 전하고자 하는 메시지를 수화통역사(중계사)에게 문자나 영상(수화)으로 전달하면 중계사가 그 메시지를 통화 상대방에게 음성으로 전달해 자유로운 의사소통이 가능할 수 있도록 하는 서비스로서 2005년 11월에 최초로 서비스를 시행한 이후 2013년 1월부터 통신중계 서비스 이용 효율화를 높이기 위해 기억이 편리한 세 자리 특수번호 '107'을 대표번호로 사용하고 '손말이음'이라는 브랜드 네임을 도입했는데, 365일 24시간 이용을 지원해 하루 평균 2,000건의 이용 실적을 기록했다(과학기술정보통신부, 2017: 534~536).

다음에 정보화 교육과 관련해 정보화교육 강사지원단을 통해 사회복지시설, 각종 단체, 공공기관 등으로부터 강사 신청을 받아 장애인, 노인, 저소득층, 농어민 등 1997년부터 2017년 4월까지 약 66만 명을 대상으로 정보화교육을 진행했다. 또한 신소외 계층에 해당하는 결혼이주자에 대해 2006년부터 다문화가족지원센터, 복지관 등에서 교육 프로그램을 운영, 2017년 4월까지 약 4만 명이 정보화교육을 이수했다(과학기술정보통신부, 2017: 536-539).

## 2. 웹 접근성

### 1) 웹 접근성의 개념

웹 접근성(web accessibility)은 장애인과 고령자의 웹 사이트 정보 접근과 이용에서 비장애인과 동등한 기회를 보장하는 것이다.

웹 접근성 준수를 위한 고려사항으로 시각, 이동성, 청각, 인지 등 네 가지 분야로 살펴볼 수 있다. 첫째, 시각 측면에서 실명, 색각 이상, 다양한 형태의 저시력을 포함한 시각 장애자가 웹 정보 이용에 어려움이 없도록 서비스를 제공해야 한다. 둘째, 이동성 측면에서 파킨슨병, 근육병, 뇌성마비, 뇌졸중과 같은 질병이 가져온 신체 근육을 빠르게 사용하지 못하는 문제를 비롯해 근육이 극도로 악해져서 손을 쓰기 어렵거나 쓸 수 없는 상태를 고려해야 한다. 셋째, 청각 측면에서 장애가 있을 경우 영상, 음성 콘텐츠에 자막, 원고, 수화 등의 대체수단을 마련해야 콘텐츠 정보 획득이 가능하다는 점을 염두에 두어야 한다. 넷째, 인지 측면에서 문제 해결과 논리 능력, 집중력, 기억력에 문제가 있는 장애인으로 정신 지체 및 발달 장애, 학습 장애(난독증, 난산증 등) 보유자를 들 수 있는데, 이들의 웹 정보 수용을 지원할 필요가 있다.

웹 접근성 향상을 위한 기술을 웹 브라우징 보조 과학기술로 부른다. 구체적으로 화면의 상황을 음성으로 전달하는 스크린 리더를 비롯해 시력이 약한 약시자의 정보 수용을 돕는 화면 확대 도구, 화면의 텍스트를 소리로 변화시켜 주는 음성 인식 기술, 그리고 키보드 자판을 손쉽게 이용하도록 하는 키보드 오버레이 등이 웹 접근성 향상 기술에 해당한다.

### 2) 웹 접근성 구현의 법적 근거

웹 접근성 구현은 법적으로 준수를 요구받는 의무사항이다. 먼저 이와 관련된 「장애인 복지법」 제22조(정보에의 접근)에서 "① 국가와 지방자치단체는 장애인이 정보에 원활하게 접근하고 자신의 의사를 표시할 수 있도록 전기통신·방송시설 등을 개선하기 위하여 노력하여야 한다. ②국가와 지방자치단체는 방송국의 장 등 민간 사업자에게 뉴스와 국가적 주요 사항의 중계 등 대통령령으로 정하는 방송 프로그램에 청각장애인을 위한 한국수어 또는 폐쇄자막과 시각장애인을 위한 화면해설 또는 자막해설 등을 방영하도록 요청하여야 한다.[개정 2016.2.3.]"고 규정하고 있다.

또한 「장애인차별금지 및 권리구제등에 관한 법률」 제20조(정보접근에서의 차별금지)에서도 장애인이 전자정보와 비전자정보를 이용, 접근하는데 장애를 이유로 차별행위를 해서는 안 된다는 내용과 장애인 관련자로서 한국수어 통역, 점역, 점자교정, 낭독, 대필, 안내 등을 위하여 장애인을 대리·동행하는 등 장애인의 의사소통을 지원하는 자에 대하여는 누구든지 정당한 사유 없이 이들의 활동을 강제·방해하거나 부당한 처우를 하여서는 아니 된다[개정 2016.2.3]고 명시되어 있다.

또한 제38조(진정)에서 피해자의 국가인권위원회 진정 조항, 제50조(과태료)에서 시정명령 위반자의 3천만 원 이하 과태료 부과 등이 각각 규정되어 있다.

그리고 「국가정보화기본법」[2018.1.15. 시행] 제32조(장애인·고령자 등의 정보 접근 및 이용 보장)에서 국가기관은 장애인과 고령자 등이 쉽게 웹 사이트를 이용할 수 있도록 접근성을 보장할 것을 밝히고 있고 제32조의 2(웹접근성 품질인증 등)에는 "① 과학기술정보통신부장관은 장애인·고령자 등의 정보 접근 및 이용 편의를 증진하기 위하여 인증기관을 지정하여 웹 사이트를 통하여 제공되는 정보통신서비스에 대한 접근성 품질인증(이하 "웹접근성 품질인증"이라 한다)을 하게 할 수 있다"[개정 2017.7.26]고 규정한다.

이처럼 웹 접근성을 엄격히 추진하는 배경으로 정보통신 기술과 서비스가 고도화되고 지능화 되는 정보사회에서는 일상생활과 경제적 활동의 상당 부분이 ICT를 매개로 이루어질 것이기 때문에 누구나 정보통신 서비스에 접근하고 이용할 수 있는 환경 조성이 매우 중요하다는 인식을 들 수 있고, 이에 따라 정부는 변화하는 정보통신 환경에서 장애인, 고령자 등 누구나 정보통신 서비스 이용에 불편이 없도록 웹 사이트, 모바일 애플리케이션 등의 정보 접근성 표준화, 관련 법령 개선 및 정보통신 서비스 제공자가 정보 접근성을 준수할 수 있도록 개선 권고, 교육 등을 추진하고 있다(과학기술정보통신부, 2017: 533-534).

### 3) 웹 접근성 차별 해결 활동

웹 접근성 제고를 위해 정부는 2005년부터 모든 국민이 장애와 연령에 상관없이 동등하게 웹 사이트 및 모바일 애플리케이션에서 제공하는 정보에 접근하고 이용할 수 있도록 정보 접근성 표준 제정, 정보 접근성 실태 진단, 웹 접근성 품질인증 제도 운영, 전문 인력 양성 등을 추진했고, 이러한 사업이 잘 시행되도록 인식 개선을 위한 공공, 민간 기관의 전산 담당자, 개발자 등을 대상으로 교육을 실시하고, 세미나를 개최하고, 홍보활동을 전개했다(과학기술정보통신부, 2017: 532).

정부의 웹 접근성 사업으로 정보 접근성 표준화 및 조사연구, 정보 접근성 인식제고, 웹 접근성 인증제도 운영 지원 등이 있는데 차례로 알아본다.

먼저 정보 접근성 표준화 및 조사연구와 관련해 정부는 2005년 웹 접근성 국가표준 제정, 2009년 '웹 접근성 향상을 위한 국가표준 기술 가이드라인' 제작, 2010년 '한국형 웹 콘텐츠 접근성 지침 2.0(KICS.OT-10.0003/R1)' 국가표준 개정, 2011년 '웹 접근성을 고려한 콘텐츠 제작 기법 2.0' 등 표준 및 해설서를 통해 정보 접근성 기준을 제시했다. 2015년에는 스마트 폰의 확산에 따라 작은 화면, 터치 기반 등 웹 환경 변화에 대응해 국가표준 '한국형 웹 콘텐츠 접근성 지침'을 개정(KICS.OT-10.0003/R2)했다. 또한 '웹 접근성을 고려한 콘텐츠 제작 기법 2.1' 등 해설서를 제작했고, 모바일 기기 확산 등 정보 접근 환경 변화에 적극 대응하여 2016년 10월에는 '모바일 애플리케이션 접근성 지침 2.0(KS X 3253:2016)'을 국가표준(KCS: Korean Communications Standard)으로 제정해 이를 반영한 Android, iOS 기반의 모바일 애플리케이션 접근성 제작 기법을 개발했다(과학기술정보통신부, 2017: 532-533).

이와 함께 정부는 2005년부터 매년 중앙행정 기관, 지방자치단체, 공공기관, 민간단체의 웹 접근성 준수 현황을 파악하기 위해 정보 접근성 실태를 진단했고, 2016년 정보 접근성 수준 진단 결과 웹 사이트는 평균 58.8점, 모바일 앱은 평균 78.7점으로 전년 대비 각각 24.4점 하락과 0.6

점 향상으로 나타났는데, 이러한 하락의 원인은 진단 대상 확대와 취약한 웹 사이트를 다수 포함됐기 때문이다(과학기술정보통신부, 2017: 533).

다음에 정보 접근성 인식제고와 관련해 정부는 2005년부터 공공, 민간기관의 전산 담당자, 개발자 등을 대상으로 웹 사이트, 모바일 애플리케이션 접근성 점검 방법과 개선을 위한 기술적 조치 등을 내용으로 지역별 정보 접근성 순회교육을 실시했다. 2016년에도 일반인의 이용도가 높은 온라인 쇼핑몰 등 민간기관에 정보 접근성 전문가가 직접 찾아가는 '정보 접근성 직능단체별 교육'을 진행했고, 다양한 세미나와 광고, 그리고 웹접근성연구소(www.wah.or.kr) 운영 등을 통해 정보 접근성과 관련한 의문사항에 대해 전문가의 답변을 제공하는 등 국민 인식을 제고했다.

끝으로 웹 접근성 인증제도 운영 지원과 관련해 정부는 2014년부터 웹 접근성 국가표준을 준수한 우수 사이트에 품질마크를 부여하는 웹 접근성 품질인증제도를 운영하고 있다. 현재 민간 웹 접근성 품질인증기관으로 한국웹접근성 인증평가원, 웹와치(주), (사)한국시각장애인연합회 등 3개 인증기관이 2014년부터 2017년 4월까지 총 5,392개의 웹 사이트에 웹 접근성 품질마크를 부여하도록 했다(과학기술정보통신부, 2017: 533).

## 요약 정리

1. 정보격차는 정보가 부의 창출에서 중요한 역할을 수행하는 정보사회에서 정보기술과 정보자원을 충분히 확보하고 있는 정보 부자와 정보로부터 소외된 정보 빈자 사이에서 초래되는 정보의 불평등 구조를 말한다. 디지털 기술에 적용하여 디지털 디바이드(digital divide)라고 말하기도 한다.
2. 정보활동 능력의 다섯 가지 유형으로 컴퓨터 활용 능력, 멀티미디어 활용 능력, 정보통신 활용 능력, 미디어 활용 능력, 디지털 활용 능력 등이 있다.
3. 정보격차의 어려움을 겪는 소외 계층에 해당하는 지체, 뇌 병변, 청각, 언어, 시각 장애를 가진 이들과 더불어 저소득층, 노년층, 농어민, 북한 이탈 주민, 결혼 이민자 등은 신체적, 기술적, 문화적, 경제적 이유 등으로 인터넷 접근 비율과 활용 수준이 낮다.
4. 정보격차 해소를 위한 정부 정책은 웹접근성 제고 방안, 정보기기 보급 확대, 정보화 교육 실시 등 세 차원에서 진행된다.
5. 웹 접근성(web accessibility)은 장애인과 고령자의 웹 사이트 정보 접근과 이용에서 비장애인과 동등한 기회를 보장하는 것으로 시각, 이동성, 청각, 인지 등을 우선적으로 고려한다.
6. 웹 접근성 구현은 법적으로 준수를 요구받는 의무사항으로「장애인 복지법」, 「장애인차별금지 및 권리구제 등에 관한 법률」,「국가정보화기본법」등에 관련 규정을 두고 있다.
7. 정부의 웹 접근성 사업으로 정보 접근성 표준화 및 조사연구, 정보 접근성 인식제고, 웹 접근성 인증제도 운영 지원 등이 있다.

# 6장

# 인터넷 중독

　정보사회에서 정보가 일상생활에서 핵심적인 역할을 하면서 지나치게 인터넷을 이용하는 현상이 늘어나고, 심할 경우 인터넷 중독 현상이 사회적 문제로 등장한다. 강박적인 인터넷 사용으로 인해 나타나는 내성이나 금단 현상인 인터넷 중독을 정신의학에서는 어떻게 보는지, 그리고 사회적 원인과 유형, 진행 과정, 증상 등을 알아보고, 대처할 필요성이 있다. 거북목 증후군은 과도하게 컴퓨터와 스마트폰을 이용할 때 나타나는 병으로 이를 막으려면 인터넷 사용 시간과 습관을 바로잡아야 한다.

# 1. 인터넷 중독

## 1) 인터넷 중독의 정의

인터넷은 필요한 정보를 편리하게 검색하고, 활용한다는 점에서 긍정적이지만 실제 생활에 지장을 초래할 정도로 과도하게 사용할 경우 심각한 문제가 된다. 인터넷 중독은 골드버그(Goldberg, 1996)가 인터넷 중독 장애(internet addiction disorder: IAD)라는 용어를 처음 사용하면서 강박적인 인터넷 사용으로 인해 나타나는 내성이나 금단 현상을 인터넷 중독이라고 정의했다. 스마트쉼센터(www.iapc.or.kr)는 정보 이용자가 인터넷을 지나치게 사용하여 금단과 내성을 지니고 있고, 이로 인해 이용자의 일상생활 장애가 유발된 상태로 본다. 인터넷 중독에 대한 시각은 다양한데 온라인 섹스와 음란물에 몰입하는 사이버섹스 중독, 대화방과 동호인 모임에 지나치게 참여하는 사이버 교제 중독, 인터넷을 통한 도박, 주식, 쇼핑 활동에 시간을 보내는 인터넷 강박증, 웹 서핑과 정보 검색에 과도한 시간을 할애하는 정보 중독, 게임 참여와 프로그램 제작 등에 강박적으로 참여하는 컴퓨터 중독이 포함되는 복합적인 개념으로 인터넷 중독을 설명하는 시각(Young, 1999)과 인터넷 게임의 과다한 이용을 중독이 아니라, 몰입 또는 과몰입으로 보면서 인터넷 중독의 범위를 축소하려는 시각도 있다.

의학계는 인터넷 중독을 인터넷을 과도하게 사용함으로 인해 인터넷과 연결되지 않을 때 초조, 불안해하고, 인터넷 접속과 이용을 더 오래 요구하게 되며, 그로 인해 주변사람들과 갈등하거나 생활에 적응하지 못하는 현상으로 파악하고, '과도한 통신, 인터넷 사용에 의해 현실 세계에서의 사회, 가정, 일상생활에 실제 어려움이 생겨 자신이나 주변

사람들이 문제가 있다고 인식하게 되는 경우'를 말하는데, 온라인 게임에 몰두해 심각한 문제가 발생하는 게임 중독, 무절제한 채팅을 통해 원조교제를 하거나 불륜에 빠지게 되는 채팅 중독, 온라인 주식 판매에 빠져들어 재산을 탕진하는 주식 중독 등으로 세분하고, 정신의학에서는 인터넷 중독을 병적 도벽, 병적 방화, 병적 도박과 같은 충동조절장애의 하나로 본다(서울아산병원 웹 사이트).

## 2) 인터넷 중독의 원인

인터넷 중독의 원인으로 인터넷의 기술적 속성, 개인적 속성, 사회적 속성 등으로 나누어 살펴본다.

먼저 인터넷 자체의 기술적 속성인 사이버 공간의 새로운 정체성 형성과 도피적인 익명성 구현과, 실시간 및 비동시적 연결성, 멀티미디어 특성 등에 따라서 인터넷에 대한 흥미와 몰입이 쉽게 일어난다. 인터넷은 현실과는 다른 새로운 정체성을 사이버 공간에서 형성하고 확인하므로 신선한 자극을 준다. 이러한 정체성이 겉으로 드러나지 않을 경우 익명성으로 작용해 공격성과 충동성을 발휘하고, 만족을 얻으므로 중독 가능성이 높아진다. 실시간 연결성은 인터넷의 정보와 관계, 활동에서 실시간의 동시성과 비동시성이 병행되고, 즉각적 또는 지연적 연결이 24시간 가능한데 따라서 중독으로 이어진다. 멀티미디어 특성은 인터넷에서 구현하는 문자와 영상, 음성, 가상현실, 증강현실 등 다양한 표현 기법으로 지루하지 않은 경험과 감각적 만족을 줌으로써 과몰입과 중독 현상이 쉽게 나타난다.

다음에 인터넷 중독의 개인적 속성에 해당하는 경우로 현실 생활에 적응하기 어렵거나 좌절과 불만을 느낄 경우 새로운 사이버 공간으로 도피하여 인터넷 중독에 쉽게 빠지는 현상을 들 수 있다. 또한 청소년들이 현실 사회의 학업에 대한 주변의 지나친 압력과 부모와 교사의 지나친 기대감으로 스트레스를 심하게 느낄 경우 가상공간에서 인터넷 접속을 통해 오락과 게임을 즐기면서 해소하는 경우도 개인적 속성에 포함할 수 있다.

셋째, 인터넷 중독의 사회적 속성으로 사이버 공간의 상업화로 인해 정보 서비스 제공 기업의 이윤 추구를 위해 더 많은 이용자를 확보하고, 정보와 게임 이용 시간을 늘리도록 자극적 기법을 개발하고, 적용하는 것이 해당한다. 게임 개발 과정에 포함되는 다양한 흥미와 몰입 유발 시스템이 사이버 공동체에서 자연스럽게 수용되고, 사회적으로 인터넷 게임 플레이어에 대한 평가가 높아지면 인터넷 중독 현상이 심화된다. 또한 현실 공간에서 사회적 교류와 레저, 오락 등의 기회가 부족할 경우 인터넷을 통해 손쉽게 대리 만족하도록 이끌어 결국 인터넷 중독으로 이어진다. 이밖에도 가정과 사회가 구성원의 활동에 미치는 영향이 약화되면서 어린이와 청소년이 인터넷 활동에 대한 의존도가 커지고, 지나칠 경우 중독 현상을 보이게 된다.

## 2. 인터넷 중독의 유형과 과정

### 1) 인터넷 중독의 유형

넓은 의미의 인터넷 중독에 게임과 스마트폰을 포함하여 다룰 수 있는데 인터넷으로 연결되어 이용하기 때문이다. 채팅을 비롯해 정보검색, 음란물, 도박, 게임, 쇼핑, 스마트폰 등 대부분의 인터넷 활동 유형에서 중독 현상이 발생할 수 있다.

첫째, 인터넷 채팅 중독은 문자나 채팅에 과도하게 몰입, 집착하여 학업과 업무에 지장을 초래하는 것으로 수시로 새로운 문자 내용을 확인하거나, 습관적으로 메시지를 보내고, 응답이 없을 경우 불안해하는 증상을 보이고, 과도하게 신경을 쓴 나머지 정신적, 육체적 피로감을 심하게 느낀다.

둘째, 정보 검색 중독은 필요한 정보의 수집이 아니라 습관적으로 인터넷 서핑을 통해 지나치게 시간과 노력을 투입하여 정상적인 생활이 어려운 경우다.

셋째, 인터넷 음란물 중독은 섹스나 포르노 콘텐츠를 강박적으로 검색, 이용하고, 많은 시간을 낭비하면서 정신적, 육체적 피로도가 커지고, 정상적인 학업과 업무 수행을 어렵게 만든다.

넷째, 온라인 도박 중독은 인터넷에서 포커, 화투, 경마, 스포츠 경기 베팅에 참여하면서 자제력을 잃고 오랜 시간에 걸쳐 정상적인 지불 능력을 벗어날 정도를 돈을 송금하여 정신적, 육체적, 경제적으로 피해를 가져온다.

다섯째, 온라인 게임 중독은 재미를 추구하고, 스트레스 해소를 위해 게임에 과몰입한 나머지, 정신적, 육체적으로 피로감을 느끼고, 정상적인 학업과 업무 수행을 곤란하게 만든다.

여섯째, 온라인 쇼핑 중독은 인터넷 쇼핑몰에서 불필요한 물건과 소비 수준의 범위를 벗어나는 물품을 구입하면서 현실 생활의 불만과 스트레스를 해소하는 듯하지만, 시간적, 경제적 측면에서 큰 손실을 초래할 수 있다.

일곱째, 스마트폰 중독은 스마트폰을 과도하게 사용하고, 스마트폰 이용이 중단되면 금단 현상을 보이고 가족과 친구, 지인과의 직접적 대면 교류 활동을 피하고, 정상적인 학업과 업무 수행이 어려울 때 해당한다.

> □ 스마트폰 중독의 내용
>
> 정보검색 중독 : 자신에게 정말 필요한 것보다는 정보수집 자체에 집착하여 강박적으로 웹 사이트나 자료를 검색하는 경우
> 모바일 메신저 중독 : 모바일 메신저를 통한 인간관계에 몰두해 실제 인간관계를 등한시 하는 경우
> SNS 중독 : 개인홈페이지, 인터넷동호회 등을 운영하거나 소셜네트워크 서비스를 사용하는데 과도하게 시간을 할애하는 경우
> 앱 중독(앱피로증후군) : 스마트폰에서 모바일 앱을 끊임없이 내려 받기에 빠진 경우
> 모바일게임 중독 : 스마트기기를 통한 게임을 과다 이용하는 경우
> 모바일 성인용 콘텐츠 중독 : 섹스나 포르노 등의 내용물을 담고 있는 모바일 콘텐츠를 강박적으로 계속 드나드는 경우(음란 채팅, 음란물 공유, 야동, 야설 등)
> 자료 : 스마트쉼센터(www.iapc.or.kr)

## 2) 인터넷 중독 과정과 증상

### (1) 인터넷 중독 과정

인터넷 중독은 과몰입, 대리만족, 현실 도피 등 3단계로 진행된다. 각 단계를 차례로 알아본다.

첫째, 과몰입 단계는 인터넷 활동에서 즐거움을 느끼고 서서히 이용시간을 지나칠 정도로 늘리면서 인터넷 공동체에서 소속감이 강화되는 반면에, 학업과 업무, 대인관계 등 사회 활동을 축소, 중단하면서 정상적인 생활에서 벗어나기 시작하는데 적응력이 부족하고, 우울증이 있고, 내향성이 복합적으로 작용할 경우 쉽게 나타난다.

둘째, 대리만족 단계는 사이버 공간의 캐릭터에 일체감을 느끼고, 게임에서 만난 친구들과 긴밀한 유대관계를 형성하면서 현실 사회에서

경험하지 못한 만족감을 느낀다. 인터넷에 머무는 시간이 정상적인 학업과 업무 수행에 지장을 초래할 정도로 늘어나는데 자존감이 낮거나 열등감이 강할 경우 인터넷 중독에 쉽게 빠진다.

셋째, 현실 도피 단계는 인터넷으로 접속된 사이버 공간이 현실보다 더 편안하고, 자연스럽게 느껴지고 인터넷 활동을 통한 만족감을 강하게 느끼고 현실 사회의 활동에 대해 불안하고, 부적응한 태도를 보이는데 자기 통제력과 자아 존중감이 부족할 때 인터넷 중독 현상이 심해진다.

### (2) 인터넷 중독 증상

인터넷 중독 증상으로 강박감, 내성과 금단, 일상생활 장애, 일탈행동 등이 있다. 이들 증상을 차례로 살펴본다.

첫째, 강박감은 인터넷에 접속하지 않으면 심리적으로 불안하고, 육체적으로 무기력한 상태에 처하여 습관적으로 인터넷에 연결하여 자극적인 정보를 검색하면서 의도했던 시간보다 더 오랜 시간을 보낸다.

둘째, 내성과 금단은 인터넷 중독의 대표적인 증상으로 내성은 동일한 만족을 얻기 위해 인터넷 사용 시간이 길어지고, 인터넷 자극에 대한 기대가 갈수록 커지는 것이고, 금단은 인터넷 접속과 활동이 중단, 지연된 경우 불안, 초조, 우울한 증상을 보이고, 인터넷 활동에 정신을 빼앗기어 다른 일에서 집중력을 발휘하지 못한다.

셋째, 일상생활 장애는 인터넷의 과다한 사용으로 인해 학업과 업무를 정상적으로 수행하고, 인간관계와 사회활동의 유지를 기대하기 어려운 상태다.

넷째, 일탈행동은 현실 생활을 부정하고, 인터넷 게임의 환상적인 사고와 행동을 보이고, 사회질서와 규칙을 위반하고, 사이버 공간을 벗어나지 않으려고 한다.

한편 인터넷 중독 증상은 신체적으로 영향을 미쳐 거북목 증후군과 VDT(Visual Display Terminal) 증후군을 낳는다. 거북목 증후군은 과도하게 컴퓨터와 스마트폰을 이용하는 과정에서 목을 앞으로 내민 것이 목뼈에 영향을 주어 고개가 앞으로 빠지는 형태로 변형되어 통증을 유발하는 것이다. VDT 증후군은 컴퓨터와 스마트폰을 오래 사용하면서 눈의 피로와 함께, 시력감소, 사물이 두 개로 보이는 복시, 통증 등이 나타나고, 목, 어깨, 팔, 손가락 등에 통증이 나타나고, 두통과 위장 증상이 병행되기도 한다.

> ▫ 거북목 증후군의 예방법
>
> 기본적 치료는 어깨를 펴고 고개를 꼿꼿이 하는 것이다. 아울러 20~30분에 한 번씩 목을 스트레칭해 주면 큰 도움이 된다.
> 컴퓨터를 사용하면서 가슴을 천장으로 향하게 한다. 이러면 어깨는 자연히 펴지고 아래쪽 목뼈의 배열이 바로 잡힌다. 컴퓨터 화면을 눈높이에 맞추도록 하는데, 화면이 낮으면 등과 목을 수그리게 되기 때문이다.
> 자료: 서울대학교병원 홈페이지 의학정보에서 요약 정리함.

> ▫ 청소년의 인터넷 중독 증상
>
> 인터넷 중독은 연구마다 차이가 있지만, 우리나라 청소년 중 10~30%, 대학생의 10%가량이 학업 및 또래 관계에 악영향이 있을 정도로 과도하게 인터넷을 사용하고 있으며, 스스로 통제하기 힘들어하는 것으로 나타났다.
> 이 밖에도 인터넷을 무절제하게 사용하는 청소년들에게 특히 알코올 중독이 더 많다. 또한 인터넷 중독에서 강박적인 성향이 더 많이 나타나며, 주의집중력 저하, 과잉행동성, 충동성이 주증상인 주의력결핍 과잉행동장애(ADHD)가 더 많은 것으로 알려져 있다. 이 외에도 충동조절의 어려움, 학업 능력의 저하, 학교의 높은 결석률, 대인관계의 어려움, 부모님과의 심한 갈등이 나타난다.
> 자료: 서울아산병원 홈페이지

## 3. 인터넷 중독의 진단

한국정보화진흥원의 스마트쉼센터(www.iapc.or.kr)는 인터넷 중독과 스마트폰 중독에 대해 진단과 예방 활동을 수행한다. 스마트쉼센터가 실시한 2016년 인터넷 과의존실태조사 결과에 따르면 과의존위험군 수는 전체 743만 명으로 전체(만 3세~69세) 연령대에서 위험군 현황은 17.8% 수준(유아동 17.9%, 청소년 30.6%, 성인 16.1%, 60대 11.7%)에 달해 매우 심각한 상황에 있다. 스마트쉼센터는 이러한 과의존 문제를 해소하기 위해 예방교육, 상담 등을 적극 제공한다.

여기서는 킴벌리 영(Young)이 제시한 인터넷 중독 기준을 비롯해 스마트쉼센터의 진단 설문지 중에서 인터넷, 게임, 스마트폰 중독 진단 설문지를 소개한다.

☐ Kimberly Young의 인터넷 중독 진단 기준

5개 이상 '예'를 선택하면 인터넷 중독일 가능성이 높습니다.
1. 항상 인터넷에 대해 생각하십니까?
2. 처음 생각했던 것보다 더 많은 시간을 접속해야 합니까?
3. 인터넷 사용을 조절하거나 끊거나 줄이기 위해 반복적으로 노력하지만 항상 실패하고 있습니까?
4. 인터넷 사용을 중단하려면 불안하고 울적하고 우울하고 짜증나는 느낌을 받습니까?
5. 인터넷을 하는 시간을 더 늘려야 만족스럽고 계획했던 일을 완수할 수 있습니까?
6. 중요한 인간관계나 직업, 교육, 경력 상의 기회가 인터넷 때문에 위협받거나 위험에 처한 적 있습니까?
7. 당신이 인터넷에 빠져 있다는 것을 주변사람에게 감추거나 거짓말을 한 적 있습니까?
8. 문제로부터 도피하거나 불쾌한 기분으로부터 벗어나기 위해 인터넷을 사용한 적 있습니까?
자료: 서울아산병원 홈페이지

□ 인터넷 중독 성인 자가 진단

성인 자기보고용 검사로 진단결과 인터넷중독 경향성 정도에 따라 고위험(42점 이상)/잠재적위험(39점-41점) / 일반 사용자군(38점 이하)으로 분류됩니다.

* 보기 : 1점 - 전혀 그렇지 않다 / 2점 - 그렇지 않다 / 3점 - 그렇다 / 4점 - 매우 그렇다

1. 인터넷 사용으로 인해 학교 성적(업무 실적)이 떨어졌다.
2. 인터넷을 하는 동안 더욱 자신감이 생긴다.
3. 인터넷을 하지 못하면 무슨 일이 있어났는지 궁금해서 다른 일을 할 수가 없다.
4. "그만 해야지" 하면서도 번번이 인터넷을 계속하게 된다.
5. 인터넷 사용 때문에 피곤해서 수업(업무)시간에 잔다.
6. 인터넷을 하다가 계획한 일을 제대로 못한 적이 있다.
7. 인터넷을 하면 기분이 좋아지고 쉽게 흥분한다.
8. 인터넷을 할 때 마음대로 되지 않으면 짜증이 난다.
9. 인터넷 사용 시간을 스스로 조절 할 수 있다.
10. 피곤할 만큼 인터넷을 하지 않는다.
11. 인터넷을 하지 못하면 안절부절 못하고 초조해진다.
12. 일단 인터넷을 시작하면 오랜 시간 인터넷을 하게 된다.
13. 인터넷을 하더라도 계획한 일들을 제대로 한다.
14. 인터넷을 하지 못해도 불안하지 않다.
15. 인터넷 사용을 줄여야 한다는 생각을 끊임없이 한다.

자료 : 스마트쉼센터(www.iapc.or.kr)

□ 청소년 게임중독진단

청소년(만 13~18세) 자기보고용 검사로 진단결과 고위험(67점 이상) / 잠재적위험(43점-66점) / 일반 사용자군(42점 이하)으로 분류됩니다.

  * 보기 :1점 - 전혀 그렇지 않다 / 2점 - 그렇지 않다 / 3점 - 그렇다 / 4점 - 매우 그렇다

1. 게임을 하는 것이 친한 친구들과 어울리는 것보다 더 좋다.
2. 게임공간에서의 생활이 실제생활보다 더 좋다.
3. 게임 속의 내가 실제의 나보다 더 좋다.
4. 게임에서 사귄 친구들이 실제친구들 보다 나를 더 알아준다.
5. 게임에서 사람을 사귀는 것이 더 편하고 자신 있다.
6. 밤늦게까지 게임을 하느라 시간 가는 줄 모른다.
7. 게임을 하느라 해야 할 일을 못한다.
8. 갈수록 게임을 하는 시간이 길어진다.
9. 점점 더 오랜 시간 게임을 해야 만족하게 된다.
10. 게임을 그만두어야 할 때도 게임을 그만두는 것이 어렵다.
11. 게임 하는 시간을 줄이려고 노력하지만 실.패한다.
12. 게임을 안 하겠다고 마음먹고도 다시 게임을 하게 된다.
13. 게임 생각 때문에 공부에 집중하기 어렵다.
14. 게임을 못한다는 것은 견디기 힘든 일이다.
15. 게임을 하지 않을 때에도 게임 생각을 하게 된다.
16. 게임으로 인해 생활에 문제가 생기더라도 게임을 해야 한다.
17. 게임을 하지 못하면 불안하고 초조하다.
18. 다른 일 때문에 게임을 못하게 될까봐 걱정된다.
19. 누가 게임을 못 하게하면 신경질이 난다.
20. 게임을 못하게 되면 화가 난다.

자료 : 스마트쉼센터(www.iapc.or.kr)

□ 스마트폰 과의존 성인(20-59세) 척도

성인 자기보고용 검사로 실시결과 고위험(29점 이상) /
잠재적위험(23-28점)/일반 사용자군(23점 이하)으로 분류됩니다.

\* 보기 : 1점 - 전혀 그렇지 않다 / 2점 - 그렇지 않다 / 3점 - 그렇다 /
4점 - 매우 그렇다

1. 스마트폰 이용시간을 줄이려 할 때마다 실패한다.
2. 스마트폰 이용시간을 조절 하는 것이 어렵다.
3. 적절한 스마트폰 이용시간을 지키는 것이 어렵다.
4. 스마트폰이 옆에 있으면 다른 일에 집중하기 어렵다.
5. 스마트폰 생각이 머리에서 떠나지 않는다.
6. 스마트폰을 이용하고 싶은 충동을 강하게 느낀다.
7. 스마트폰 이용 때문에 건강에 문제가 생긴 적이 있다.
8. 스마트폰 이용 때문에 가족과 심하게 다툰 적이 있다.
9. 스마트폰 이용 때문에 친구 혹은 동료, 사회적 관계에서 심한 갈등을 경험한 적이 있다.
10. 스마트폰 때문에 업무(학업 혹은 직업 등) 수행에 어려움이 있다.
(www.iapc.or.kr)

〈그림 6〉 인터넷 스마트폰 중독 사용자군 분류

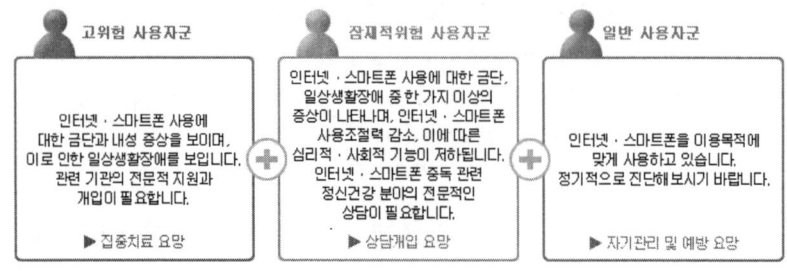

자료: 스마트쉼센터(www.iapc.or.kr)

<그림 7> 인터넷 스마트폰 중독 위험과 대응 방향

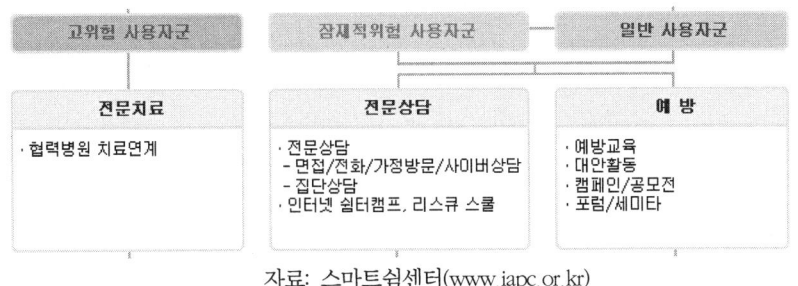

자료: 스마트쉼센터(www.iapc.or.kr)

## 4. 인터넷 중독 예방

인터넷 중독 예방의 법적 근거는 「국가정보화기본법」 제30조(인터넷 중독의 예방 및 해소 계획 수립 등)에서 과학기술정보통신부장관은 3년마다 관계 중앙행정기관의 장과 협의하여 인터넷중독의 예방 및 해소를 위한 종합계획을 수립하고, 구체적인 추진계획을 수립·시행하도록 했다. 또한 같은 법 제30조의 6(인터넷중독대응센터)에서 국가나 지방자치단체의 인터넷중독대응센터 설치·운영 규정을 두어 인터넷중독자에 대한 상담 및 치료, 인터넷중독 예방 및 해소에 관한 교육·홍보, 그 밖에 인터넷중독의 예방 및 해소를 위하여 필요한 사업 등을 추진하도록 했다. 이와 함께 같은 법 제30조의 8(인터넷중독 관련 교육)에서 국가기관 및 지방자치단체로 하여금 인터넷중독의 예방 및 해소를 위하여 필요한 교육을 실시할 수 있도록 했다.

한국정보화진흥원의 스마트쉼센터(www.iapc.or.kr)는 인터넷·스마트폰 중독의 예방과 해소를 위해 교육을 희망하는 학교, 유치원, 기업 등에 전문 강사를 파견하여 유아, 어린이, 청소년, 싱인, 노인 등의 집단별로 인터넷과 스마트폰 중독의 이해, 실태, 예방, 탈출법 등을 알려주는 예방교육을 실시한다. 교육시간은 1시간 내외로 홈페이지를 통해 신청하면 된다.

또한 중독에 취약한 집단인 청소년을 대상으로 인터넷과 스마트폰을 건강하게 이용하는 습관을 형성하도록 심화교육 프로그램을 운영하는데, 2시간 내외의 교육에 포함된 내용은 인터넷과 스마트폰의 사용습관에 대한 자기조절 능력 배양을 비롯해 사용 습관에 대한 자기점검방법 등 인터넷과 스마트폰 중독의 예방과 해소를 위해 개인의 역할이 매우 중요함을 강조하는 사항이다.

▫ 스마트폰 중독 예방가이드(유아학부모용)

스마트폰을 지나치게 사용하는 우리 아이!
IT 신동이 아니라 스마트폰 중독자가 될 수 있습니다.
아이가 스마트폰을 달라고 보채고 있나요? 자녀의 스마트폰 사용습관은 부모하기 나름입니다. 한 달만 노력해 보세요.
아이가 스마트폰을 사용할 때는 반드시 부모님이 함께 해주세요.
스마트폰은 부모와 자녀가 상호작용하는 도구로 활용되어야 합니다.
최대한 스마트폰을 접하는 시기를 늦추어 주세요.
따뜻한 대인관계를 통해 아이의 지능과 정서가 충분히 발달할 수 있도록 보호가 필요합니다.
가정에서 스마트폰이 허용되는 장소와 시간을 정해주세요.
거실 등 열린 공간에서 보호자와 함께 1회 20분 미만으로 스마트폰을 사용하는 등 우리 가정만의 규칙을 정합니다.
아이 스스로 스마트폰 사용을 끝낼 수 있도록 도와주세요.
사소한 행동이지만 스스로 사용을 끝내는 행동을 통해 아이는 조절능력을 기르고 성취감을 느낄 수 있습니다.
스마트폰을 지나치게 사용하면 위험하다는 것을 아이에게 가르쳐 주세요.
아이와 스마트폰 사용시간을 정할 때는 아이의 연령과 수준을 고려해서 '30분 까지만 하자~!' 보다는 '한 번(게임)만 더 하자'라고 구체적으로 약속해 주세요.
스마트폰을 끄고 나면 아이가 좋아하는 활동이나 재밌는 놀이를 부모님이 함께 해주세요.
부모님의 스마트폰 사용습관! 아이들이 그대로 따라합니다.
자료 : 스마트쉼센터(www.iapc.or.kr)

□ 자녀의 건강한 인터넷 생활을 돕는 부모들의 지도요령
1. 컴퓨터는 거실 등 공개된 장소로 컴퓨터를 옮겨놓기.
2. 시간관리 계획을 세우기.
3. 자녀가 잘 이용하는 PC방은 어딘지, 누구와 게임을 하는지, 게임시 거래와 결제 아이템 등 자녀의 인터넷 활동을 알고 있을 것.
4. 부모의 주민등록번호를 잘 관리하기.
5. 부모가 모범을 보일 것.

자료 : 서울아산병원 홈페이지

## 요약 정리

1. 인터넷 중독은 강박적인 인터넷 사용으로 인해 나타나는 내성이나 금단 현상이다. 정신의학에서는 인터넷 중독을 병적 도벽, 병적 방화, 병적 도박과 같은 충동조절 장애의 하나로 본다.
2. 인터넷 중독의 세 가지 원인으로 인터넷의 기술적 속성, 개인적 속성, 사회적 속성 등이 있다.
3. 인터넷 중독의 유형으로 채팅을 비롯해 정보검색, 음란물, 도박, 게임, 쇼핑, 스마트폰 등으로 구분할 수 있다.
4. 인터넷 중독의 진행 과정은 과몰입, 대리만족, 현실 도피 등 3단계로 나타난다.
5. 인터넷 중독 증상으로 강박감, 내성과 금단, 일상생활 장애, 일탈행동 등이 있다.
6. 거북목 증후군은 과도하게 컴퓨터와 스마트폰을 이용하는 과정에서 목을 앞으로 내민 것이 목뼈에 영향을 주어 고개가 앞으로 빠지는 형태로 변형되어 통증을 유발하는 것이다.
7. 2016년 인터넷 과의존실태조사 결과에 따르면 총 743만 명이 위험군에 포함되는데, 전체(만 3세~69세) 연령대에서 차지하는 위험군의 비율은 17.8% 수준이고, 집단별 과의존자의 비율은 유아동 17.9%, 청소년 30.6%, 성인 16.1%, 60대 11.7% 등으로 매우 심각한 상황에 있다.

## 7장

# 불법 유해 정보

　7장은 불법 유해 정보가 정보사회에 미치는 부작용과 악영향을 살펴보고, 대처하는 방안을 살펴본다. 불법정보는 실정법에 위배되는 모든 범죄 관련 정보다. 개인·사회·국가적 법익을 침해하므로 범죄에 해당한다. 청소년 유해 정보는 아동과 청소년의 정서와 건강에 나쁜 영향을 주는 정보로서 청소년보호법과 정보통신망법 이용촉진 및 정보보호 등에 관한 법률에 의해 규제와 처벌의 대상이 된다. 이와 관련해 경찰이 수사기관으로 불법정보에 대해 수사를 진행한다. 또한 방송통신심의위원회가 불법정보와 청소년에게 유해한 정보 등의 심의와 시정 업무를 담당한다. 그리고 한국인터넷진흥원은 해킹, 악성프로그램 유포, 서비스거부공격 등과 같은 정보통신망 침해사고에 대응하고, 피싱사이트 접속경로 차단과 피해 확산 방지 업무를 수행한다.

# 1. 불법 유해 정보

## 1) 불법 유해 정보

### (1) 불법 정보

불법정보는 실정법에 위배되는 모든 범죄 관련 정보로서, 개인·사회·국가적 법익을 침해하는 정보가 해당되는데, 「정보통신망 이용촉진 및 정보보호 등에 관한 법률」 제44조의 7 제1항에서 규정하는 불법정보 대상은 다음과 같다(www.nuricops.org).

- 제 1호 (음란): 음란한 부호·문언·음향·화상 또는 영상을 배포·판매·임대하거나 공연히 전시하는 내용의 전기통신
- 제 2호 (명예훼손): 사람을 비방할 목적으로 공연히 사실 또는 허위의 사실을 적시하여 타인의 명예를 훼손하는 내용의 전기통신
- 제 3호 (사이버스토킹): 공포심이나 불안감을 유발하는 부호·문언·음향·화상 또는 영상을 반복적으로 상대방에게 도달하게 하는 내용의 전기통신
- 제 4호 (해킹, 바이러스 유포): 정당한 사유 없이 정보통신시스템, 데이터 또는 프로그램 등을 훼손·멸실·변경·위조하거나 그 운용을 방해하는 내용의 전기통신
- 제 5호 (청소년유해매체물 표시의무 위반): 청소년보호법에 의한 청소년유해매체물로서 상대방의 연령확인, 표시의무 등 법령에 의한 의무를 이행하지 아니하고 영리를 목적으로 제공하는 내용의 전기통신
- 제 6호 (도박 등 사행행위): 법령에 의하여 금지되는 사행행위에 해당하는 내용의 전기통신
- 제 7호 (국가기밀 누설): 법령에 의하여 분류된 비밀 등 국가기밀을 누설하는 내용의 전기통신
- 제 8호 (국가보안법 위반): 국가보안법에서 금지하는 행위를 수행하는 내

용의 전기통신

제 9호 (범죄관련 정보): 그 밖에 범죄를 목적으로 하거나 교사 또는 방조하는 내용의 전기통신

앞의 내용 중에서 제1호~제8호는 예시 규정이고, 제9호에서 그 밖에 범죄를 목적으로 하는 전기통신을 규정 하고 있어, 문서위조, 불법 식·의약품 판매, 불법 명의도용(대포통장 등), 불법금융, 마약류, 청부살인 등 현행법상 불법으로 규정한 모든 정보가 해당된다(www.nuricops.org).

(2) 청소년 유해 정보

청소년 유해 정보는 아동과 청소년의 정서와 건강에 나쁜 영향을 주는 정보로서 청소년보호법과 정보통신망법 이용촉진 및 정보보호 등에 관한 법률 등에 의해 규제와 처벌의 대상이 된다.

청소년보호법 제7조(청소년유해매체물의 심의결정)와 제11조(청소년유해 매체물의 자율 규제)의 규정에 의하여 청소년보호위원회 또는 방송통신심의위원회 등 각 심의기관이 청소년에게 유해한 것으로 의결 또는 결정하거나, 제11조(청소년유해매체물의 자율 규제)의 규정에 의하여 청소년에게 유해하다고 확인하여 청소년보호위원회가 고시한 매체물은 유해 정보에 해당한다. 또한 청소년보호법 제11조(청소년유해 매체물의 자율 규제) 제6항에 따라 매체물의 제작 발행자, 유통행위자 또는 매체물과 관련된 단체가 자율적으로 청소년 유해 표시 또는 포장을 한 매체물 중 청소년보호위원회 또는 방송통신심의위원회 등 각 심의기관으로부터 청소년 유해 매체물로 최종 결정이 있기 전까지의 매체물은 유해 정보로 본다(www.nuricops.org).

**청소년보호법 제9조(청소년유해매체물의 심의 기준) 제1항**
1. 청소년에게 성적인 욕구를 자극하는 선정적인 것이거나 음란한 것
2. 청소년에게 포악성이나 범죄의 충동을 일으킬 수 있는 것
3. 성폭력을 포함한 각종 형태의 폭력 행위와 약물의 남용을 자극하거나 미화하는 것
4. 도박과 사행심을 조장하는 등 청소년의 건전한 생활을 현저히 해칠 우려가 있는 것
5. 청소년의 건전한 인격과 시민의식의 형성을 저해하는 반사회적·비윤리적인 것
6. 그 밖에 청소년의 정신적·신체적 건강에 명백히 해를 끼칠 우려가 있는 것

한편 청소년보호법 시행령의 청소년유해매체물의 심의 기준 중 개별심의 기준은 다음과 같다.

① **일반 심의 기준**

가. 매체물에 관한 심의는 해당 매체물의 전체 또는 부분에 관하여 평가하되, 부분에 대하여 평가하는 경우에는 전반적 맥락을 함께 고려할 것

나. 매체물 중 연속물에 대한 심의는 개별 회분을 대상으로 할 것. 다만, 법 제7조 제5항에 해당하는 매체물에 대한 심의는 그러하지 아니하다.

다. 심의위원 중 최소한 2명 이상이 해당 매체물의 전체 내용을 파악한 후 심의할 것

라. 법 제7조 제5항에 따라 실제로 제작·발행 또는 수입이 되지 아니한 매체물에 대하여 심의할 때에는 구체적·개별적 매체물을 대상으로 하지 않고 사회통념상 매체물의 종류, 제목, 내용 등을 특정할 수 있는

포괄적인 명칭 등을 사용하여 심의할 것

② **개별 심의 기준**

가. 음란한 자태를 지나치게 묘사한 것

나. 성행위와 관련하여 그 방법·감정·음성 등을 지나치게 묘사한 것

다. 수간을 묘사하거나 혼음(混淫), 근친상간, 가학·피학성 음란증 등 변태 성행위, 매춘 행위 그 밖에 사회 통념상 허용되지 아니한 성관계를 조장하는 것

라. 청소년을 대상으로 하는 성행위를 조장하거나 여성을 성적 대상으로만 기술하는 등 성 윤리를 왜곡시키는 것

마. 존속에 대한 상해·폭행·살인 등 전통적인 가족 윤리를 훼손할 우려가 있는 것

바. 잔인한 살인·폭행·고문 등의 장면을 자극적으로 묘사하거나 조장하는 것

사. 성폭력·자살·자학행위, 그 밖에 육체적·정신적 학대를 미화하거나 조장하는 것

아. 범죄를 미화하거나 범죄방법을 상세히 묘사하여 범죄를 조장하는 것

자. 역사적 사실을 왜곡하거나 국가와 사회 존립의 기본체제를 훼손할 우려가 있는 것

차. 저속한 언어나 대사를 지나치게 남용하는 것

카. 도박과 사행심 조장 등 건전한 생활 태도를 현저하게 해칠 우려가 있는 것

타. 청소년유해약물 등의 효능 및 제조방법 등을 구체적으로 기술하여 그 복용·제조 및 사용을 조장하거나 이를 매개하는 것

파. 청소년유해업소에의 청소년 고용과 청소년 출입을 조장하거나 이를 매개하는 것

하. 청소년에게 불건전한 교제를 조장할 우려가 있거나 이를 매개하는 것

청소년보호법 제7조(청소년유해매체물의 심의·결정) 제5항에 따라 청소년보호위원회나 각 심의기관은 1. 제작·발행의 목적 등에 비추어 청소년이 아닌 자를 상대로 제작·발행된 매체물, 2. 매체물 각각을 청소년유해매체물로 결정하여서는 청소년에게 유통되는 것을 차단할 수 없는 매체물에 대하여는 신청을 받거나 직권으로 매체물의 종류, 제목, 내용 등을 특정하여 청소년유해매체물로 결정할 수 있는데 인터넷 서비스 중 성인화상채팅 및 애인대행사이트, 불건전 전화서비스 전화번호 광고와 성매매 알선 또는 암시 전화번호 광고 등이 여기에 해당한다(www.nuricops.org).

청소년보호법에는 제13조(청소년유해표시 의무), 제14조(포장 의무), 제15조(표시·포장의 훼손 금지), 제16조(판매 금지 등)을 규정하고 있고, 정보통신망 이용촉진 및 정보보호 등에 관한 법률에는 제42조(청소년유해매체물의 표시), 제42조의 2(청소년유해매체물의 광고금지)를 규정하고 있으며, 이러한 의무 규정을 이행하지 않을 경우 형사처벌 규정을 두고 있어, 청소년유해매체물이라도 의무규정 미준수시 정보통신망 이용촉진 및 정보보호 등에 관한 법률 제44조의 7 제1항 제5호의 불법정보에 해당된다(www.nuricops.org).

## 2. 불법 유해 정보의 처리

### 1) 담당 기관

(1) 경찰

불법 유해 정보와 관련해 수사기관인 경찰이 불법정보에 대해 수사를 진행한다.

(2) 방송통신심의위원회

방송통신심의위원회가 방송통신위원회의 설치 및 운영에 관한 법률 제21조에 의거하여 정보통신의 건전한 문화 창달, 정보통신의 올바른 이용환경 조성 업무 수행을 맡으므로 불법정보와 청소년에게 유해한 정보 등 심의가 필요하다고 인정되는 정보의 심의 및 시정을 요구할 수 있다. 위 법 제21조 4항에서는 구체적인 조치를 명시하고 있는데 1. 해당 정보의 삭제 또는 접속차단, 2. 이용자에 대한 이용정지 또는 이용해지, 3. 청소년유해정보의 표시의무 이행 또는 표시방법 변경 등과 그 밖에 필요하다고 인정하는 사항 등이 해당된다.

(3) 한국인터넷진흥원

한국인터넷진흥원은 해킹, 악성프로그램 유포, 서비스거부공격 등과 같은 정보통신망 침해사고에 대응하기 위하여, 침해사고에 관한 정보의 수집·전파, 침해사고의 예보·경보, 침해사고에 대한 긴급조치, 그 밖에 대통령령으로 정하는 침해사고 대응조치 및 피싱사이트 등을 이용해 속이는 행위로 개인정보를 수집할 경우 접속경로의 차단요청 등 피해 확산을 방지하기 위한 긴급조치를 시행한다(정보통신망 이용촉진 및 정보보호 등에 관한 법률 제48조의2, 같은법 제49조의 2).

### 2) 심의 기준

정보통신에 관한 심의 규정에서 밝힌 심의 기준은 제5조(국제 평화질서 위반 등)에서 국제 평화, 국제 질서 및 국가 간의 우의를 현저히 해할 우려가 있는 정보의 유통을 금하고, 제6조(헌정질서 위반 등)에서 헌법에 위배되거나 국가의 존립을 해하는 정보의 유통을 금하고, 제7조(범죄 기타 법령 위반)에서 범죄 기타 법령에 위반되는 행위에 관련된 정보의 유통을 금하고, 제8조(선량한 풍속 기타 사회질서 위반 등)에서 선량한 풍속 기타 사회질서를 현저히 해할 우려가 있는 정보의 유통을 금하고, 제9조(광고·선전 등의 제한)에서 제5조부터 제8조까지에 위배되는 정보를 배포·판매·임대 등을 하거나 공연히 전시 또는 전송을 할 목적으로 매개·광고·선전 등을 하는 정보의 시정 요구를 각각 규정했다.

### 3) 심의 절차

통신 심의 절차와 의결과정은 ① 심의대상 인지, ② 심의부서 검토, ③ 위원회 상정, ④ 위원회 심의, ⑤ 심의결과 처리 등의 순서로 진행된다. 각 과정을 구체적으로 살펴보면 다음과 같다.
첫째, 심의대상 인지에는 외부기관 등에 의한 인지와 스스로 파악하는 자체 인지 두 방식이 있는데, 외부기관의 경우 신고센터 신고, 관계기관 등의 신고, 방송통신위원회 심의요청 등이 그리고 자체 인지의 경우 모니터링 실시가 각각 해당한다.

둘째, 심의부서 검토는 먼저 심의대상 여부인지를 확인하고, 다음에 심의종류를 구분하고, 이어서 심의상정에 필요한 정보를 보완하는 방식으로 진행된다.

셋째, 위원회 상정은 소위원회와 전체위원회 심의 상정 그리고 특별위원회 자문 상정 등으로 구분된다.

넷째, 위원회 심의는 소위원회, 전체위원회 심의 의결 그리고 특별위원회 자문의결 등으로 구분된다.

다섯째, 심의결과 처리는 외부 요청에 의한 인지에서 출발했을 경우 요청기관 등에 심의결과를 통보하는 것으로 그리고 내부 확인에 의한 인지에서 출발했을 경우 해당업체에 심의결과를 통보하는 것으로 각각 종결한다.

## 3. 불법 유해 정보의 차단과 청소년 보호

### 1) 차단 기술

(1) 선별 소프트웨어

그린아이넷(www.greeninet.or.kr)은 방송통신심의위원회가 청소년들이 인터넷 유해정부에 노출되는 것을 예방하기 위해서 2009년 4월부터, 교육과학기술부, 시도 교육청과 함께 구축했다. 청소년 인터넷 안전망을 지향하는 그린i-Net은 청소년 유해정보 필터링 S/W의 보급·확산을 위해 다양하게 활동하고 있다.

<그림 8> 청소년 유해정보 필터링 지원 소프트웨어

자료 : www.greeninet.or.kr

　방송통신심의위원회는 청소년들이 방송·통신 등 다양한 매체를 통해 유해정보에 노출되는 것을 최소화하고, 보다 건전하고 올바른 정보를 이용할 수 있도록 그린i-Net을 '청소년 인터넷 안전망'에서 '청소년정보이용 안전망'으로 확대·구축했다. 왜냐하면 인터넷뿐만 아니라 다양한 매체가 속속 등장하고 있고, 청소년 유해정보 또한 과거에 비해 훨씬 다양한 경로로 유통되고, 인터넷 못지않게 청소년들이 즐겨 보는 방송프로그램에도 노골적이고 선정적인 내용이 자주 등장하는 현실에서 인터넷과 방송을 함께 규제할 필요가 있기 때문이다(www.greeninet.or.kr).

　그린아이넷은 최근 부모가 맞벌이하는 가정이 늘어남에 따라 어린 자녀가 혼자 시간을 보내야 하는 경우가 많아지면서, 초등학생들의 방송통신 유해정보에 대한 노출이 계속적으로 증가하고 있고, 청소년의 인터넷 중독에 대한 심각성과 위험성은 날로 커져간다는 인식에서 욕설과 비속어가 쏟아지고 폭력적·선정적 장면이 빈번하게 등장하는 방송프로그램, 음란하고 노골적인 정보가 넘쳐나는 인터넷 등 온갖 유해정보로부터 청소년을 보호하기 위해서는 다양한 형태의 안전망이 필요하다고 보면서, 학부모와 교사 등 청소년 보호자가 우리 아이들이 방송통신 정보

이용 환경의 역기능에 현명하게 대처하고 좋은 정보를 찾아낼 수 있도록 지도하는 것이 중요하다고 강조한다(www.greeninet.or.kr).

그린아이넷은 청소년에게 유해한 내용을 선별(필터링)하는 소프트웨어의 보급 활성화를 위해 홈페이지에서 무료 소프트웨어를 소개하고, 다운로드하도록 지원한다. 여기에 해당하는 주요 소프트웨어로 아이안심·아이눈·아이보호나라·컴사용 지킴이·엑스키퍼·맘아이 등이 있다.

이들 내용 선별 소프트웨어의 중복설치 시 오류가 발생할 수 있으므로 하나만 설치할 것이 권장된다. 또한 이들 청소년 유해정보 필터링 지원 소프트웨어는 마이크로소프트 윈도우즈 환경만 지원하므로 유의해야 하는데 필터링·사이트 차단·프로그램 차단·사용시간 제한 설정·필터링 소프트웨어 보호·필터링 등급 선택·동영상 차단 등 일곱 가지 기능의 주요 내용을 살펴보면 다음과 같다(www.greeninet.or.kr).

첫째, 필터링 기능은 유해정보 즉, 자살·폭력·음란물·도박 등이 포함되어 있는 청소년 인터넷 유해사이트를 자녀들이 무분별하게 이용하지 않도록 학부모들이 자발적이고 선택적으로 차단할 수 있다.

둘째, 사이트 차단 기능은 이용목적에 따라 학부모 스스로 차단/비차단 사이트 추가 선택 가능한데, 컴퓨터에 설치된 프로그램 중에 사용자가 설정한 항목을 차단할 수 있다.

셋째, 프로그램 차단 기능은 컴퓨터에서 실행되는 특정 유해프로그램을 차단할 수 있다.

넷째, 사용시간 제한 설정 기능은 부모들이 외출하거나 늦은 밤시간 자녀들의 인터넷 사용을 미리 조정할 수 있고, 맞벌이 가정의 자녀들에게 더욱 유용하며 사용시간 제한 설정으로 아이들의 컴퓨터 이용 시간을 관리하여 자녀들의 인터넷 중독 예방이 기대된다.

다섯째, 필터링 소프트웨어 보호 기능은 자녀들이 필터링 프로그램을 쉽게 지울 수 없게 만들었는데, 관리자(부모) 허가 없이 프로그램 삭제가 불가하며, 관리자 외 다른 사용자의 차단 기능 설정 변경이 불가하도록 했다.

여섯째, 필터링 등급 선택 기능은 사용자의 목적에 따라 내용별 차단 등급에 대한 자율적 선택이 가능하도록 했다.

일곱째, 동영상 차단 기능은 유해사이트 차단만으로는 유해동영상 유통 방지가 어려운 문제를 해결하기 위해 P2P, 웹하드, 메신저 등을 통해 유통되고 있는 음란, 유해동영상(음란/잔혹/엽기 등)의 재생, 편집, 재배포를 차단하도록 했다.

(2) 유해 동영상 차단

인터넷을 통해 전송되는 유해 동영상 차단을 위해서는 엄격한 관리가 필요하지만, 엄청난 규모의 데이터들에서 유해영상물을 구별한다는 것은 매우 어려운 일인데, 웹하드 업체 등에서는 표본 검사 및 영상물의 제목 등으로 유해영상물을 판별하고 필터링한다(김민정, 정종혁, 2013: 184).

유해 동영상 차단 기술로 키워드 기반 차단 기술, 해시 목록 기반 차단 기술(데이터베이스 구축 방식), 내용 기반 차단 기술 등 세 가지가 있다.

첫째, 키워드 기반 차단 기술은 동영상 파일의 금칙어 포함여부를 검사하여 차단하는데, 장점으로 실시간 고속 처리와 모바일의 단말기와 네트워크 단말기 모두 적용이 가능하지만, 단점으로 금칙어를 피할 경우 우회하여 피하거나 또는 지나치게 넓은 범위에서 차단되어 유해하지 않은 동영상도 차단되는 과차단의 위험이 있다.

둘째, 해시 목록 기반 차단 기술은 동영상의 요약 정보인 해시를 계산하고, 해시값이 기존의 구축한 데이터베이스 목록과 비교하여 매칭되면 검색하여 차단하는 방식으로 장점은 사전에 수집된 해시 목록에 포함될 경우 차단율이 높은 것이 그리고 단점은 새로운 유해 동영상의 차단을 위해서는 해시값을 목록에 추가하는 번거로움이 있고, 기존에 차단된 유해 음란물이 코덱과 해상도를 변경할 경우 해시값이 달라져 차단되지 않는 점이 각각 해당된다.

셋째, 내용 기반 차단 기술은 동영상의 일부 프레임을 추출하여 내용을 분석한 다음 그 결과를 바탕으로 유해 여부를 결정하는 방식으로 데이터베이스에 등록되지 않아도 차단이 가능하고, 새로운 유해물을 비롯해 코덱과 해상도의 변형에도 적용할 수 있는 것이 장점이다. 하지만 동영상 유해성 판단에 오랜 시간이 소요되고, 음란물이 아닌 무해 동영상의 과차단 비율이 높다는 단점을 지닌다.

(3) 인터넷내용등급서비스

인터넷내용등급서비스란 정보제공자가 자신의 정보내용을 객관적 평가를 거친 등급기준으로 분류하여 이용 가능한 등급정보를 표시하면, 정보이용자 및 청소년 보호자가 해당 정보내용을 필터링 또는 블록킹(선별 또는 차단) 소프트웨어를 사용하여 해당 정보내용을 기존의 영화 등급이나 도서관의 분류된 자료처럼 참고할 수 있도록 하는 서비스다(www.safenet.ne.kr).

정보제공자가 정보내용을 일정기준에 따라 등급을 표시해 두면 인터넷 사용자가 자신의 연령이나 수준에 맞게 정보를 선택할 수 있는 방식의 인터넷내용등급서비스는 주요 선진국에서 청소년 보호를 목적으로 도입하여 자국의 문화적 특성을 고려한 등급서비스를 제공하고 있는데, 이 제도는 정보제공자의 온라인 신뢰 구축에 대한 책임의 실천이라는 의미를 지닌다(www.safenet.ne.kr).

방송통신심의위원회는 한국적 문화가치 및 국제 호환성 등을 고려하여 인터넷내용등급서비스(Safe Net)를 개발·도입하여 2001년 9월부터 시행하여 자율등급표시서비스와 제3자등급서비스 등 두 가지 형태로 제공되는데, 자율등급표시서비스는 정보제공자가 공시된 등급기준을 참조하여 자신의 사이트에 자발적으로 등급을 매기는 방식이고, 제3자등급서비스는 정보내용 자체에 등급을 부여하여 목록을 구축하면 음란·폭력 정보 등의 선별·차단을 원하는 이용자가 내용선별S/W를 이용하여 자신의 수준에 맞는 정보만을 수용하도록 하는 방법이다(www.safenet.ne.kr).

이러한 방식의 장점은 정보선택의 최종적 권한이 내용선별S/W를 관리하는 학부모나 교사 등 청소년 보호자와 정보이용자에게 주어진다는 점에서 검열 없는 자율적 규제를 가능하게 하며, 청소년의 연령이나 지적 수준에 따라 정보 수용을 조절할 수 있는 점이다(www.safenet.ne.kr).

〈표 4〉 인터넷내용등급서비스의 세부 등급 기준

| 등급 | 노출 | 성행위 | 폭력 | 언어 |
|---|---|---|---|---|
| 4 등급 | 성기 노출 | 성범죄, 노골적 성행위 | 잔인한 살해 | 노골적이고 외설적인 비속어 |
| 3 등급 | 전신 노출 | 노골적이지 않은 성행위 | 살해 | 심한 비속어 |
| 2 등급 | 부분 노출 | 착의 상태의 성행위 | 상해 | 거친 비속어 |
| 1 등급 | 노출 복장 | 격렬한 키스 | 격투 | 일상 비속어 |
| 0 등급 | 노출 없음 | 성행위 없음 | 폭력 없음 | 비속어 없음 |

자료: www.safenet.ne.kr

방송통신심의위원회가 인터넷내용등급서비스를 위한 등급기준으로 제안한 'SafeNet'은 국제적인 기준을 기반으로 우리의 실정에 맞게 보완한 것으로 현재 5개 범주에 5등급(0등급에서 4등급)을 분류기준으로 하여 국제적으로 시행되고 있는 RSACi, ICRA, ENC의 등급기준과 호환되도록 설정됐는데, 투명성, 객관성 및 전문성 확보를 위해 주요 인사로 구성된 등급전문위원회를 운영하고, 사회적 여론을 수렴하고 전문적인 자문을 받고 있다(www.safenet.ne.kr).

## 2) 청소년 보호 방안

### (1) 청소년 보호 책임자 지정

인터넷을 통해 정보를 제공하는 정보통신서비스 제공자 중에서 일정 조건에 해당할 경우에 청소년 보호 책임자를 지정, 운영하여 청소년을 불법 유해 정보로부터 보호하도록 하고 있다. 법적 근거는 정보통신망 이용촉진 및 정보보호 등에 관한 법률 시행령 제25조(청소년보호책임자 지정의무자의 범위)인데, 구체적으로 전년도말 기준 직전 3개월간의 일일평균이용자가 10만 명 이상인 자, 정보통신서비스부문 전년도(법인의 경우에는 전 사업연도) 매출액이 10억 원 이상인 자, 「청소년 보호법」에 따른 청소년유해매체물을 제공하거나 매개하는 자 등이다.

청소년보호책임자의 업무와 관련하여 유해정보로부터의 청소년보호 계획의 수립, 유해정보에 대한 청소년접근제한 및 관리조치, 정보통신 업무 종사자에 대한 유해정보로부터의 청소년보호를 위한 교육, 유해 정보로 인한 피해상담 및 고충처리, 그 밖에 유해정보로부터 청소년을 보호하기 위하여 필요한 사항 등이 정보통신망 이용촉진 및 정보보호 등에 관한 법률 시행령 제26조에 규정되어 있다. 아울러 같은 법 제27조는 청소년보호책임자의 지정기한을 매년 4월말까지로 정했다.

청소년 보호와 관련된 인터넷 언론사 지침의 사례로 '동아닷컴 청소년 보호 정책'을 소개한다.

### 동아닷컴 청소년 보호정책

㈜ 동아닷컴(이하 "회사"라 함)은 각종 청소년유해정보로부터 청소년을 보호하고자 관련 법률에 따라 19세 미만의 청소년들이 유해정보에 접근할 수 없도록 청소년보호정책을 마련하여 시행하고 있습니다. 또한 회사는 청소년의 건전한 성장을 저해하는 음란, 불법 등의 유해정보와 비윤리적, 반사회적 행위에 대해서는 엄격하게 제재하기 위하여 다음과 같이 활동하고 있습니다.

1. 유해정보로부터 청소년보호계획 수립 및 업무담당자 교육시행
 회사는 청소년이 아무런 제한장치 없이 청소년 유해정보에 노출되지 않도록 청소년유해매체물에 대해서는 별도의 인증장치를 마련, 적용하며 청소년 유해정보가 노출되지 않기 위한 예방차원의 조치를 강구하고 있으며 해당 담당자에 대한 청소년보호교육을 실시합니다.

2. 유해정보에 대한 청소년접근제한 및 관리조치
 회사는 청소년이 아무런 제한장치 없이 청소년 유해정보에 노출되지 않도록 청소년유해매체물에 대해서는 별도의 인증장치를 마련, 적용하며 청소년 유해정보가 노출되지 않기 위한 예방차원의 조치를 강구합니다.

3. 유해정보로 인한 피해상담 및 고충처리
 회사는 청소년 유해정보로 인한 피해상담 및 고충처리를 위한 전문인력을 배치하여 그 피해가 확산되지 않도록 하고 있습니다. 이용자 분들께서는 하단에 명시한 "회사는 청소년보호 책임자 및 담당자의 소속, 성명 및 연락처" 사항을 참고하여 전화나 이메일을 통하여 피해상담 및 고충처리를 요청할 수 있습니다.

4. 청소년보호책임자 및 담당자 연락법
 회사는 청소년 보호에 대한 의견수렴 및 불만처리를 담당하는 청소년 보호 책임자 및 담당자를 운영하고 있습니다. 이와 관련하여 문의사항이 있으시면 신속하고 성실하게 답변하여 드리겠습니다. (후략)

자료: news.donga.com

## (2) 불법 유해 정보의 신고

그린아이넷(www.greeninet.or.kr)의 전자창구는 청소년 불법 및 유해 정보 신고를 받는 접수처다. 이곳에서 신고를 클릭하면 방송통신심의위원회의 전자신고로 연결(링크)되어 본인 인증을 거쳐서 신고 내용을 밝히면 된다. 불법·청소년유해정보신고시 홈페이지 "신고" 메뉴에서 정해진 양식에 맞추어 신고하고, 다음의 정보를 반드시 기입해야 한다.

- 개인정보 : 신고자(단체)명, 주소, 연락처, e-mail, 성별 등
- 신고주소 : 유해정보제공사이트 또는 발생사이트의 상세 주소(URL)
- 신고제목 : 신고의 핵심내용
- 신고내용 : 신고이유 및 불만내용
- 증거자료 : 문제가 되는 화면의 캡처 그림파일

※ 유해정보제공사이트 또는 발생사이트 주소(상세URL) 등의 신고주소 및 증거자료 미비시, 접수처리가 불가할 수 있다.

(자료: www.kocsc.or.kr)

〈그림 9〉 불법·청소년유해정보 민원 처리도

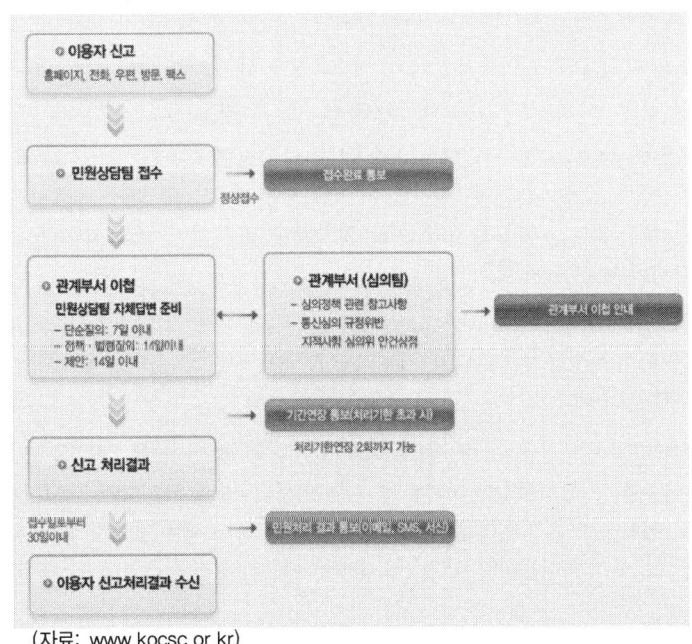

(자료: www.kocsc.or.kr)

### 요약 정리

1. 불법정보는 실정법에 위배되는 모든 범죄 관련 정보로서, 개인·사회·국가적 법익을 침해하는 정보가 해당되는데, 구체적으로 음란, 명예훼손, 사이버 토킹, 해킹, 바이러스 유포, 청소년 유해 매체물 표시 의무 위반, 도박 등 사행행위, 국가기밀 누설, 국가보안법 위반, 범죄관련 정보 등이 해당한다.

2. 청소년 유해 정보는 아동과 청소년의 정서와 건강에 나쁜 영향을 주는 정보로서 청소년보호법과 정보통신망법 이용촉진 및 정보보호 등에 관한 법률 등에 의해 규제와 처벌의 대상이 된다.

3. 불법·유해정보의 처리와 관련된 기관은 경찰의 경우 수사기관으로 불법정보에 대해 수사를 진행하고, 방송통신심의위원회가 불법정보와 청소년에게 유해한 정보 등의 심의와 시정 업무를 담당하고, 한국인터넷진흥원은 해킹, 악성프로그램 유포, 서비스거부공격 등과 같은 정보통신망 침해사고에 대응하고, 피싱사이트 접속경로 차단과 피해 확산 방지 업무를 수행한다.

4. 정보통신 심의 기준은 국제 평화 질서 위반, 헌정질서 위반, 범죄 및 법령 위반. 선량한 풍속 및 사회질서 위반 등의 정보 유통과 이러한 정보를 배포·판매·임대 등을 하거나 공연히 전시 또는 전송을 할 목적으로 매개·광고·선전 등을 하는 정보 등으로 이들 정보는 시정 요구의 대상이 된다.

5. 통신 심의 절차와 의결 과정은 ① 심의대상 인지, ② 심의부서 검토, ③ 위원회 상정, ④ 위원회 심의, ⑤ 심의결과 처리 등의 순서로 진행된다.

6. 청소년 유해정보를 차단하는 기술 중에서 선별(필터링 지원) 소프트웨어는 유해한 정보를 대상으로 필터링, 사이트 차단, 프로그램 차단, 사용시간 제간 설정, 필터링 소프트웨어 보호, 필터링 등급 선택, 동영상 차단 등 일곱 가지 기능을 수행한다.

7. 청소년 유해 동영상을 차단하는 기술에는 키워드 기반 차단 기술, 해시 목록 기반 차단 기술(데이터베이스 구축 방식), 내용 기반 차단 기술 등 세 기술이 주로 사용된다.

8. 인터넷내용등급서비스란 정보제공자가 자신의 정보내용을 객관적 평가를 거친 등급기준으로 분류하여 이용 가능한 등급정보를 표시하면, 정보이용자 및 청소년 보호자가 해당 정보내용을 필터링 또는 블록킹(선별 또는 차단) 소프트웨어를 사용하여 해당 정보내용을 기존의 영화 등급이나 도서관의 분

류된 자료처럼 참고할 수 있도록 하는 서비스다.
9. 인터넷을 통해 정보를 제공하는 정보통신서비스 제공자 중에서 일정 조건에 해당할 경우에 청소년 보호 책임자를 지정, 운영하여 청소년을 불법 유해 정보로부터 보호하도록 하고 있다.
10. 그린아이넷(www.greeninet.or.kr)의 전자창구는 청소년 불법 및 유해 정보 신고의 접수처다.

# 8장

# 사이버 범죄

8장은 컴퓨터와 인터넷 등을 이용하여 사이버 공간에서 일어나는 사이버 범죄의 특징과 처벌 법규, 대처 방안 등을 살펴본다. 사이버 범죄는 익명성으로 인해 범죄 의도가 약한 상태에서 저지르게 되고, 통신 연결망을 통해 빠르게 확산되지만 범인의 추적이 어렵고, 증거 확보가 쉽지 않고, 해외 소재 범인의 수사권이 제한되므로 범죄 수사에 어려움이 많다. 주요 유형으로 정보통신망 침해 범죄, 정보통신망 이용 범죄, 불법콘텐츠 등이 있다. 이와 함께 채팅방 등에서 빈번하게 일어나는 사이버불링의 문제점을 파악한다. 사이버불링은 반복적이거나 고의적으로 악성댓글, 협박, 헛소문, 수치스러운 성적 사진이나 동영상 유포 등으로 피해자를 괴롭히고 고통을 주는 행위로 사이버 폭력·언어폭력·사이버 따돌림·사이버 왕따 등으로 불리기도 한다.

## 1. 사이버 범죄의 정의

사이버 범죄는 컴퓨터와 인터넷 등을 이용하여 사이버 공간에서 행하는 범죄로서 익명성으로 인해 범죄 의도가 약한 상태에서 저지르게 되고, 통신 연결망을 통해 빠르게 확산된다.

하지만 인터넷 뱅킹의 금융계좌를 해킹하거나 또는 국가 기간통신망을 마비시키고, 불법정보를 확산시키는 사이버 범죄는 인터넷 공간이라는 특성상 정보를 제작, 유포한 범인의 추적이 어렵고, 저장된 증거가 확보하기가 쉽지 않고, 범인이 해외에 있을 경우 수사권이 제한되므로 범죄 수사에 어려움이 많다.

사이버 범죄는 일반적으로 고도의 기술을 사용하여 정보통신망을 파괴, 훼손하는 사이버테러형 범죄와 일상생활에서 발생하는 전자 상거래 사기와 프로그램 불법 복제 등 일반 사이버 범죄로 분류되는데, 경찰청 사이버안전국(cyberbureau.police.go.kr)은 정보통신망 침해, 정보통신망 이용, 불법콘텐츠 등 세 범죄 유형으로 나눈다. 여기서는 경찰청의 구분을 중심으로 살펴본다.

## 2. 정보통신망 침해 범죄

정당한 접근 권한 없이 또는 허용된 접근 권한을 넘어 컴퓨터 또는 정보통신망(컴퓨터 시스템)에 침입하거나 시스템, 데이터 프로그램을 훼손·멸실·변경한 경우, 컴퓨터 시스템의 성능을 저하시키고 사용을 중단시키는 장애를 발생하게 한 경우가 해당한다. 즉, 고도의 기술적인 요소가 포함되며, 컴퓨터 및 정보통신망 자체에 대한 공격행위를 수반하는 범죄로, 정보통신망을 매개한 경우 및 매개하지 않은 경우도 포함한다. 예를 들어 인터넷 이용자의 계정을 도용하고, 이메일과 자료, 사진 등을 열람하고, 이를 다른 사람에게 유출하는 해킹 활동을 비롯해 특정 웹 사이트에 대해 집단적으로 접속을 시도하는 서비스거부공격, 그리고 스파이웨어나 바이러스 등을 다른 이용자의 계정과 컴퓨터에 심어서 정보를 절취하는 행위 등이 해당한다.(cyberbureau.police.go.kr).

구체적인 세부 유형과 내용은 다음과 같다.

## 1) 해킹

해킹은 정당한 접근권한 없이 또는 허용된 접근권한을 초과하여 정보통신망에 침입하는 행위로서 정보통신망「이용촉진 및 정보보호 등에 관한 법률」(이하 '정통망법') 규정에 따르면 해킹과 계정도용을 포함하는데, 컴퓨터 또는 네트워크와 같은 자원에 대한 접근제한(access control) 정책을 비정상적인 방법으로 우회하거나 무력화시킨 뒤 접근하는 행위(사이버범죄 매뉴얼의 정의)로서 다음 네 가지 형태가 포함된다(cyberbureau.police.go.kr).

### (1) 계정 도용

정당한 접근권한 없이 또는 허용된 접근권한을 넘어 타인의 계정(ID, Password)을 임의로 이용한 경우로 게임계정 도용과 일반계정 도용을 분리 집계하고 있으나, 구분의 실익이 없으므로 계정 도용으로 단순화한다.

### (2) 단순 침입

정당한 접근권한 없이 또는 허용된 접근권한을 넘어 컴퓨터 또는 정보통신망에 침입한 경우다.

### (3) 자료 유출

정당한 접근권한 없이 또는 허용된 접근권한을 넘어 컴퓨터 또는 정보통신망에 침입 후, 데이터를 유출, 누설한 경우다.

### (4) 자료 훼손

정당한 접근권한 없이 또는 허용된 접근권한을 넘어 컴퓨터 또는 정보통신망에 침입 후, 타인의 정보를 훼손(삭제, 변경 등)한 경우로 홈페이지 변조를 포함한다(cyberbureau.police.go.kr).

## 2) 서비스 거부 공격(DDoS 등)

정보통신망에 대량의 신호, 데이터를 보내거나 부정한 명령을 처리하도록 하여 정보통신망에 장애(사용불능·성능저하)를 일으킨 경우다.

## 3) 악성 프로그램

정당한 사유 없이 정보통신 시스템, 데이터 또는 프로그램 등을 훼손·멸실·변경·위조하거나 그 운용을 방해할 수 있는 프로그램을 전달 또는 유포하는 경우다.

## 4) 기타 정보통신망 침해형 범죄

정보통신망 침해형 범죄 중에서, 위 중분류 3개 항목(해킹·서비스 거부 공격·악성 프로그램) 어디에도 유형별로 분류되지 아니하거나, 이전에는 없었던 신종 수법으로 정보통신망을 침해하는 범죄인 경우다.

> □ 기타 정보통신망 침해형 범죄의 예
>
> * 컴퓨터 등 장애 업무방해 (형법 제314조 제2항)
> 정보통신망(컴퓨터 네트워크)을 통하여, 컴퓨터 등 정보처리장치에 허위의 정보 또는 부정한 명령을 입력하거나 기타 방법으로 정보처리에 장애를 발생하게 하여 업무를 방해한 경우를 말한다.
> 단, 컴퓨터 등 정보처리장치 또는 전자기록 등 특수매체기록을 물리적인 방법으로 손괴하여 업무 방해한 경우가 해당된다.
> 망치 등의 물리적 컴퓨터 손괴 등은 사이버범죄에서 제외된다.
>
> * 타인 명의 공인인증서 발급 (전자서명법 제31조 제3호)
> 정보통신망(컴퓨터 네트워크)을 통하여, 타인의 명의로 공인인증서를 발급 받거나 발급 받을 수 있도록 한 경우를 말한다.
> 자료: cyberbureau.police.go.kr

## 3. 정보통신망 이용 범죄

정보통신망 이용 범죄는 정보통신망(컴퓨터 시스템)을 범죄 행위의 주요 수단으로 이용하는 경우로 인터넷 사용자간의 범죄를 말한다. 인터넷 상거래를 이용하면서 직거래에서 물품을 제공하지 않은 채 대가를 받거나 또는 약속한 물품보다 가치가 떨어지는 판매물을 선날하는 직거래 사기를 비롯해 쇼핑몰을 운영하면서 상거래 질서를 지키지 않거나 심지어 판매대금을 받은 후 물품과 서비스를 제공하지 않기 위해 쇼핑몰을 폐쇄하는 쇼핑몰 사기, 그리고 게임을 통해 활용되는 아이템의 구매와 판매를 약속한 후 이행하지 않는 게임사기 등이 해당하며,

이와 함께 인터넷 이용자의 판단력을 흐리게 한 다음에 계좌 정보를 입수해, 금전을 절취하는 피싱을 비롯해 파밍, 스미싱 그리고 컴퓨터에 저장된 기록물을 절취하거나 훼손하는 메모리해킹 등이 해당된다 (cyberbureau.police.go.kr). 구체적으로 세부 유형과 내용은 다음과 같다.

### 1) 인터넷 사기

정보통신망(컴퓨터 시스템)을 통하여, 이용자들에게 물품이나 용역을 제공할 것처럼 기망하여 피해자로부터 금품을 편취(남을 속여 재물을 취함)한 경우인데, 컴퓨터 시스템이란, 하나의 장치 또는 서로 접속되거나 서로 관련되어 있는 장치들의 그룹으로서, 이 중 하나 또는 그 이상의 장치가 프로그램에 의하여 자동적인 데이터처리를 수행하는 것 (EU 사이버범죄 방지 조약 제1조 정의)을 말한다. 법률용어에서 기망(欺罔)은 상대방을 속여서 착오에 빠뜨리는 것으로 매우 다양한 방법으로 이루어진다.

단, 온라인을 이용한 기망행위가 있더라도, 피해자와 피의자가 직접 대면하여 거래한 경우 등은 사이버범죄 통계에서 제외된다. 예를 들면 온라인에서 기망행위 후, 오프라인에서 만나 현금, 물품 편취와 오프라인에서 기망행위 후, 온라인에서 대금을 송금 편취한 경우는 각각 제외한다(cyberbureau.police.go.kr). 구체적인 형태와 내용은 다음과 같다.

#### (1) 직거래 사기

정보통신망(컴퓨터 시스템)을 통하여, 물품 거래 등에 관한 허위의 의사표시를 게시하여 발생한 대금을 편취하는 사기 행위다.

### (2) 쇼핑몰 사기

정보통신망(컴퓨터 시스템)을 통하여, 허위의 인터넷 쇼핑몰 등을 개설하여 발생한 대금을 편취하는 사기 행위다.

### (3) 게임 사기

정보통신망(컴퓨터 시스템)을 통하여, 게임 캐릭터 및 아이템 등 인터넷 게임과 관련하여 발생한 대금을 편취하는 사기 행위다.

### (4) 기타 인터넷 사기

직거래, 쇼핑몰, 게임사기에 해당하지 않고, 정보통신망(컴퓨터 시스템)을 통한 기망행위를 통해 재산적 이익을 편취한 경우다.

## 2) 사이버 금융 범죄

정보통신망을 이용하여 피해자의 계좌로부터 자금을 이체 받거나, 소액결제가 되게 하는 신종 범죄로서 전기통신금융사기 피해방지 및 피해금 환급에 관한 특별법에 의거 지급정지가 가능하지만, 재화의 공급 또는 용역의 제공 등을 가장한 행위는 제외한다고 규정되어 있다(cyber bureau.police.go.kr). 구체적인 형태와 내용은 다음과 같다

### (1) 피싱(Phishing)

개인정보(private data)와 낚시(fishing)의 합성어로서 ① 금융기관을 가장한 이메일 발송, ② 이메일에서 안내하는 인터넷주소 클릭, 가짜 은행사이트로 접속 유도, ③ 보안카드번호 전부 입력 요구 등의 방법으로 금융정보 탈취, ④ 피해자 계좌에서 범행계좌로 이체 등의 순서로

범죄가 이루어진다(cyberbureau.police.go.kr).

(2) 파밍(Pharming)

악성코드에 감염된 피해자 PC를 조작하여 금융정보를 탈취하는 경우로 ① 피해자 PC가 악성코드에 감염, ② 정상 홈페이지에 접속하여도 피싱(가짜) 사이트로 유도, ③ 보안카드번호 전부 입력 요구 등의 방법으로 금융정보 탈취, ④ 피해자 계좌에서 범행계좌로 이체 등의 순서로 범죄가 발생한다(cyberbureau.police.go.kr).

(3) 스미싱(Smishing)

문자메시지(SMS)와 피싱(phishing)의 합성어로 ① '무료쿠폰 제공'등의 문자메시지 내 인터넷주소를 클릭하면, ② 악성코드가 스마트폰에 설치되어, ③ 피해자가 모르는 사이에 소액결제 피해 발생 또는 개인, 금융정보를 탈취하는 과정으로 범죄가 이루어진다(cyberbureau.police.go.kr).

(4) 메모리해킹

피해자 PC 메모리에 상주한 악성코드로 인하여 정상 은행사이트에서 보안카드번호 앞, 뒤 2자리만 입력해도 부당 인출하는 수법으로 ① 피해자 PC가 악성코드에 감염, ② 정상적인 인터넷 뱅킹 절차(보안카드 앞, 뒤 2자리) 이행 후, 이체 클릭, ③ 오류 반복 발생(이체정보 미전송), ④ 일정시간 경과 후, 범죄자가 동일한 보안카드 번호 입력, 범행계좌로 이체 등으로 범죄가 진행된다(cyberbureau.police.go.kr).

(5) 몸캠피싱

음란화상채팅(몸캠) 후, 영상을 유포하겠다고 협박하여 금전을 갈취하는 행위로 ① 타인의 사진을 도용하여 여성으로 가장한 범죄자가 랜덤 채팅 애플리케이션 또는 모바일 메신저를 통해 접근하고, ② 미리 준비해둔 여성의 동영상을 보여주며, 상대방에게 얼굴이 나오도록 음란행위를 유도하고, ③ 화상채팅에 필요한 애플리케이션이라거나, 상대방의 목소리가 들리지 않는다는 등의 핑계로 특정파일 설치를 요구한 후, 다양한 명칭의 apk(Android application package) 파일로 스마트폰의 주소록이 범죄자에게 유출되고, ④ 지인의 명단을 보이며, 상대방의 얼굴이 나오는 동영상을 유포한다며 금전을 요구하기 등의 순서로 범죄가 발생한다(cyberbureau.police.go.kr).

(6) 기타 전기통신금융사기

위 5가지 유형 외에 포함되지 않는 유형 혹은 피해자의 컴퓨터, 스마트폰, 정보통신망을 통하여 피해자의 계좌로부터 자금을 이체 받거나, 소액결제가 발생한 경우로 메신저 피싱 등이 있다.

□ 전기통신금융사기 피해 방지 및 피해금 환급에 관한 특별법

제2조(정의)
2. "전기통신금융사기"란 「전기통신기본법」 제2조 제1호에 따른 전기통신을 이용하여 타인을 기망(欺罔)·공갈(恐喝)함으로써 재산상의 이익을 취하거나 제3자에게 재산상의 이익을 취하게 하는 다음 각 목의 행위를 말한다. 다만, 재화의 공급 또는 용역의 제공 등을 가장한 행위는 제외하되, 대출의 제공·알선·중개를 가장한 행위는 포함한다.

제15조의 2(벌칙) ① 전기통신금융사기를 목적으로 다음 각 호의 어느 하나에 해당하는 행위를 한 자는 10년 이하의 징역 또는 1억원 이하의 벌금에 처한다.
  1. 타인으로 하여금 컴퓨터 등 정보처리장치에 정보 또는 명령을 입력하게 하는 행위
  2. 취득한 타인의 정보를 이용하여 컴퓨터 등 정보처리장치에 정보 또는 는 명령을 입력하는 행위
  * 피싱과 파밍은 특별법 제15조의 2 제1항 제1호에 의거하여 전기통신금융사기에 적용되므로, '지급정지' 절차 활용이 가능

자료: cyberbureau.police.go.kr

### 3) 개인·위치정보 침해

정보통신망(컴퓨터 시스템)을 통하여, 디지털 자료화되어 저장된 타인의 개인정보를 침해, 도용, 누설하는 범죄로, 정보통신망(컴퓨터 시스템)을 통하여, 이용자의 동의를 받지 않거나 속이는 행위 등으로 다른 사람의 개인정보나 위치정보를 불법적으로 수집, 이용, 제공한 경우도 포함하는데, 속이는 행위(피싱)로 타인의 개인정보를 수집한 경우에도 사기 실행의 착수에 나아가지 않은 경우를 규정한 정통망법 제49조의 2 제1항에 의해 개인정보 침해에 해당한다.

### 4) 사이버 저작권 침해

정보통신망(컴퓨터 시스템)을 통하여, 디지털 자료화된 저작물 또는 컴퓨터 프로그램저작물에 대한 권리를 침해한 경우다.

### 5) 스팸메일

정보통신망(컴퓨터 시스템)을 통하여, 법률에서 금지하는 재화 또는 서비스에 대한 광고성 정보를 전송하는 경우 및 이와 관련해 허용되지 않는 기술적 조치 등을 행한 경우로서(정통망법 제74조 제1항 제4호, 6호), 속이는 행위(피싱)로 타인의 개인정보를 수집한 경우에도 개인정보 침해에 해당하는데(정통망법 제49조의 2 제1항), 법률에서 금지하는 재화, 서비스 전송의 경우나, 이에 관련하여 허용되지 않는 기술적 조치에 대한 처벌 규정도 있는 점을 감안하여, 불법 콘텐츠 범죄 항목이 아닌 정보통신망 이용 범죄로 포섭한다(cyberbureau.police.go.kr).

### 6) 기타 정보통신망 이용형 범죄

정보통신망(컴퓨터 시스템)을 이용하여 행하여진 범죄 구성요건의 본질적인 부분이 컴퓨터 시스템 또는 정보통신망(컴퓨터 시스템)에서 행해진 범죄 중, 위 중분류 5개 항목(인터넷 사기, 전기통신금융사기, 개인정보 및 위치정보 침해, 사이버 저작권 침해, 스팸메일)의 유형별로 분류되지 아니하는 경우가 해당한다.

> □ 기타 정보통신망 이용형 범죄의 예
> * 컴퓨터 등 사용사기 (형법 제347조의 2)
>   정보통신망(컴퓨터 시스템)을 통하여, 컴퓨터 등 정보처리장치에 허위의 정보 또는 부정한 명령을 입력하여 정보처리를 하게함으로써, 재산상 이득을 편취하는 경우
> * 전자화폐 등에 의한 거래 행위 (전자금융거래법 제49조 제1항 제7호, 9호)
>   정보통신망(컴퓨터 시스템)을 통하여, 다른 가맹점의 이름으로 전자화폐 등에 의한 거래를 한 경우, 정보통신망(컴퓨터 시스템)을 통하여, 가맹점이 아닌 자가 가맹점의 이름으로 전자화폐 등에 의한 거래를 한 경우
> * 정보통신망 인증 관련 위반 행위 (정통망법 제74조 제1항 제1호)
>   정보통신망(컴퓨터 시스템)을 통하여, 정보통신망의 인증을 받지 아니한 자가 그 제품이 표준에 적합한 것임을 나타내는 표시와 비슷한 표시를 한 제품을 표시, 판매, 판매 목적으로 진열한 경우
>
> 자료: cyberbureau.police.go.kr

## 4. 불법콘텐츠

불법콘텐츠 범죄의 개념은 정보통신망(컴퓨터 시스템)을 통하여, 법률에서 금지하는 재화, 서비스 또는 정보를 배포, 판매, 임내, 전시하는 경우로 정보통신망을 통하여 유통되는 '콘텐츠' 자체가 불법적인 경우

(정통망법 제44조의 7의 용어 활용)를 말한다. 구체적으로 사이버 상에서 유통되는 음란물, 사이버 상에서 이루어지는 도박, 2인 이상의 다수가 이용하는 공간에서 상대방의 명예를 훼손하는 사실을 적시하는 명예훼손과 욕설로 상대방의 인격을 저하시키는 모욕, 그리고 특정인이 원하지 않는 정보를 지속적으로 전송하면서 고통을 주는 사이버스토킹 등이 해당한다(cyberbureau.police.go.kr). 구체적으로 세부 유형과 내용은 다음과 같다.

## 1) 사이버음란물

정보통신망(컴퓨터 시스템)을 통하여, 음란한 부호, 문언, 음향, 화상 또는 영상을 배포, 판매, 임대하거나 공공연하게 전시하는 행위다. 사이버음란물은 정통망법상 금지 규정만 있고 처벌 규정이 없으나, 심각한 사회적 문제가 되는 현실을 고려, 정책적 고려에 따라 사이버범죄로 포함한다(cyberbureau.police.go.kr).

### (1) 일반음란물

정보통신망(컴퓨터 시스템)을 통하여 일반 보통인의 성욕을 자극하여 성적 흥분을 유발하고 정상적인 성적 수치심을 해하여 성적 도의 관념에 반하는 내용의 표현물을 배포·판매·임대·전시하는 경우다(cyberbureau.police.go.kr).

### (2) 아동음란물

정보통신망(컴퓨터 시스템)을 통하여, 아동, 청소년 또는 아동, 청소년으로 명백하게 인식될 수 있는 사람이나 표현물이 등장하여 성적 행위를 하는 내용의 표현물을 배포·판매·임대·전시하는 경우로 아동·청소년의 성보호에 관한 법률 제2조의 정의를 참조해 적용한다.

## 2) 사이버도박

정보통신망(컴퓨터 시스템)을 통하여, 도박사이트를 개설하거나 도박행위(또는 사행행위)를 한 경우로 정통망법상 금지 규정만 있고 처벌 규정이 없으나, 심각한 사회적 문제가 되는 현실을 고려, 정책적 고려에 따라 사이버범죄로 포함한다.

(1) 스포츠토토
정보통신망(컴퓨터 시스템)을 통하여, 체육진흥투표권이나 이와 비슷한 것을 발행하는 시스템을 이용하여 도박을 하게 하는 경우로 도박행위를 포함한다(cyberbureau.police.go.kr).

(2) 경마, 경륜, 경정
정보통신망(컴퓨터 시스템)을 통하여, 경마·경륜·경정 등의 경주를 이용하여 도박을 하게 하는 경우로 도박행위를 포함한다.

(3) 기타 인터넷 도박
정보통신망(컴퓨터 시스템)을 통하여, 위와 같은 방법 이외의 방법으로 영리의 목적으로 도박사이트를 개설하여 도박을 하게 하는 경우로 도박행위를 포함한다.

## 3) 사이버 명예훼손과 모욕, 사이버스토킹

(1) 사이버 명예훼손과 모욕
사이버 명예훼손은 정보통신망(컴퓨터 시스템)을 통하여, 다른 사람의 명예를 훼손하는 경우(정통망법 제44조의 7 제1항 제2호), 그리고 모욕은 정보통신망(컴퓨터 시스템)을 통하여, 공연히 사람을 모욕하는 경우가 각각 해당된다(cyberbureau.police.go.kr).

### (2) 사이버스토킹

정보통신망(컴퓨터 시스템)을 통하여, 공포심이나 불안감을 유발하는 부호·문언·음향·화상 또는 영상을 반복적으로 상대방에게 도달하도록 하는 경우다(정통망법 제44조의 7 제1항 제3호).

## 4) 기타 불법 콘텐츠 범죄

정보통신망(컴퓨터 시스템)을 통하여, 법률에서 금지하는 재화, 서비스 또는 정보를 배포·판매·임대·전시하여 성립하는 범죄 중, 위 중분류 4개 항목(사이버 음란물, 사이버 명예훼손·모욕·사이버 스토킹·사이버 도박)의 유형별 분류에 해당되지 않는 경우다(cyberbureau.police.go.kr).

주요 사례로서 청소년 유해매체물 미표시·영리 목적 제공·청소년 유해매체물 광고·공개전시(정통망법 제73조 제2, 3호)하는 경우, 정보통신망(컴퓨터 시스템)을 통하여, 거짓의 주민등록번호를 만들어 자기 또는 다른 사람의 재물이나 재산상 이익을 위하여 사용한 경우(주민등록법 제37조 제1호), 정보통신망(컴퓨터 시스템)을 통하여, 거짓의 주민등록번호를 만드는 프로그램을 다른 사람에게 전달하거나 유포(주민등록법 제37조 제4호)한 경우를 들 수 있다.

> □ 불법 콘텐츠 범죄의 개념 관련 참고 자료
>
> 불법 콘텐츠는 정통망법 제44조의 7에서 사용한 불법 정보라는 용어를 활용한 것으로 기본적으로 정통망법상 불법정보 유통에 대한 벌칙규정이 있는 범죄는 사이버범죄로 포함하는데 사이버도박 등이 심각한 사회적 문제라는 현실을 감안, 정책적 고려에 따라 사이버범죄에 추가하여 적용한다.
>
> 법적 근거는 정통망법 제44조의 7(불법정보의 유통금지 등) 제1항에서 사이버 음란물·사이버 명예훼손·사이버 스토킹·청소년유해매체물(정통망법에 처벌조항이 없으므로 청소년보호법에 처벌 조항을 적용함), 사이버 도박(정통망법에 처벌조항 없으므로 형법과 여러 특별법의 처벌 조항을 적용함) 관련 내용에 두고 있다. 또한 EU 사이버범죄 협약의 사이버범죄 유형 중, 콘텐츠 관련 침해(content-realted offences) 항목에 '아동음란물' 포함 내용과 유엔 마약범죄 사무국(UNODC)의 보고서 중, 콘텐츠 관련 행위(content-realted acts) 항목에 "혐오발언(hate speech), 아동음란물 등"이 포함되어 법적 적용 근거가 된다.
>
> 자료: cyberbureau.police.go.kr

## 5. 사이버 폭력

### 1) 사이버 폭력의 정의

사이버 폭력은 사이버공간에서 타인에게 글·이미지·영상·음성 등으로 타인의 사생활을 침해하고, 모욕을 주고, 명예를 훼손하면서 인권을 침해하는 행위다.

### 2) 사이버 폭력의 특징

사이버 폭력의 특징은 사이버 공간의 익명성, 시공간 초월성, 기술적 특성, 현실 연계성, 피해 파악의 곤란 등 다섯 가지다(한희정, 21015).

첫째, 사이버 공간의 익명성은 폭력을 용이하게 만든다. 사이버 공간에서는 어린이와 청소년이 우월한 육체적 힘이나 높은 사회적 지위가 없이도 를 익명성의 가면을 쓰고, 욕설을 하거나 불특정 다수에게 거짓 소문을 퍼뜨리는 익명성의 권력을 행사할 수 있기 때문이다(Vandebosch & Van Cleemputm, 2009).

둘째, 사이버 공간의 시간과 공간을 초월하는 특성으로 인해 피해자는 가해자를 벗어날 안전한 시간과 장소를 찾기 어렵다고 느낀다(Strom & Strom, 2005; Kowalski, et al., 2012).

셋째, 사이버 공간의 기술적 특성 중에서 정보 처리의 신속성과 편리성으로 사이버 폭력의 피해를 키운다. 가해자의 악성 댓글과 메시지, 이메일, 동영상이 쉽게 확산된다(Franek, 2005/2006).

넷째, 사이버 공간의 피해는 실재 공간으로 이어지는데, 가해자의 욕설이 현실 폭력으로 이어지거나 또는 피해자가 사이버 폭력에 대한 복수로 현실 공간에서 폭력을 행사할 경우가 해당한다(Mishna et al., 2012; 오세연, 곽영길, 2012; 조윤오, 2013).

다섯째, 청소년의 사이버 폭력에서 가해자는 피해자가 부모나 선생님께 알리지 못하도록 협박하고, 주변에서 피해를 파악하기 어렵고, 피해자가 폭력을 호소할 경우 사이버 공간에서 격리되는 것을 원하지 않아서 피해 사실의 파악이 지연된다(한희정, 2015).

### 3) 사이버 폭력의 주요 쟁점

사이버 폭력은 언어폭력·명예훼손·스토킹·성폭력·신상정보 유출·사이버불링 등의 유형이 있는데, 대체로 사이버 범죄와 관련하여 다루었으므로 여기서는 법의 적용 과정에서 고려 요소가 많은 사이버 명예훼손과 사이버불링을 중심으로 알아보겠다.

(1) 사이버 명예훼손

사이버 명예훼손은 사람을 비방할 목적으로 정보통신망을 통해 공공연하게 사실 또는 거짓 내용을 드러내어 타인의 명예를 훼손하는 행위로서 형법 제307조(명예훼손죄)의 특칙으로 반의사불벌죄이자 친고죄다. 하지만 그 내용이 오로지 진실하고, 사회의 안전과 유지, 발전을 위해 공익적일 경우 면책사유에 해당하고, 사실과 일부 다른 내용일지라도 당시 상황에서 상당히 진실하다고 믿을 경우에도 재판을 통해 면책사유로 판결을 받을 수 있다.

반의사불벌죄는 피해자가 가해자의 처벌을 원하지 않는다는 의사를 표시할 경우 처벌할 수 없는 범죄를 말하고, 친고죄는 범죄의 피해자 또는 기타 법률이 정한 자의 고소가 있어야 제기할 수 있는 범죄다. 사이버 명예훼손의 벌칙은 사실을 드러내어 유죄일 경우 3년 이하의 징역과 3천만 원 이하의 벌금에 그리고 거짓의 사실을 드러내어 유죄일 경우 7년 이하의 징역, 10년 이하의 자격정지 또는 5천만 원 이하의 벌금에 처한다.

(2) 사이버불링

사이버불링(cyberbullying)은 소셜미디어(SNS)와 메신저의 그룹 채팅 방과 같은 사이버 공간에서 반복적이거나 고의적으로 악성댓글·협박·헛소문·수치스러운 성적 사진이나 동영상 유포 등으로 피해자를 괴롭히고 고통을 주는 행위로 사이버 폭력·언어폭력·사이버 따돌림·사이버 왕따 등 다양한 용어가 사용되기도 한다(한희정, 2015). 최근 페이스북과 카카오톡, 라인 등 소셜미디어의 급속한 확산에 따라 어떤 사람을 놀리고, 욕하고, 대화에 참여하지 못하게 괴롭히며 피해를 주는 점에서 사회적 문제로 부각됐다.

사이버불링에 관한 규제와 처벌은 정보통신망 이용촉진 및 정보보호 등에 관한 법률의 사이버 명예훼손·사이버 비밀침해·사이버스토킹·온라인서비스제공자의 의무규정 등이 적용되는데, 청소년의 경우 '사이버 따돌림'으로 표현된 학교폭력 예방 및 대책에 관한 법률의 적용을 받기도 한다. 그런데 학교폭력 예방 및 대책에 관한 법률에서 따돌림을 학교 내외에서 2명 이상의 학생들이 특정인이나 특정 집단의 학생들을 대상으로 지속적이거나 반복적으로 신체적 또는 심리적 공격을 가해 상대방이 고통을 느끼도록 하는 일체의 행위라고 규정하여 1인 가해자가 피해자를 의도적으로 지목하여 지속적으로 괴롭히는 경우가 제외되는 문제가 발생한다고 지적된다(임상수, 2013).

사이버불링의 해법과 관련해 콜로로소(Coloroso, 2008)는 ① 처벌보다는 보상·해결·화해의 규율로 개입하기, ② 선한 일을 할 기회를 만들기, ③ 공감 능력을 키우기, ④ 적극적으로 공손하고 평화롭게 타인과 관계를 맺는 사교 기술을 교육하기, ⑤ 자녀가 즐기는 미디어 활동에 늘 주의하기, ⑥ 더 건설적이고, 재미있고, 정력적인 활동에 참여하도록 하기, ⑦ 선한 의지를 함양하기 등을 제안했다. 또한 누스바움(Nussbaum, 2010)은 학교가 민주주의 시민 양성을 위해 약자의 관점에서 세상을 보는 능력 교육, 타자에 진심으로 관심을 갖는 능력 계발, 소수자 집단에 대한 스테레오 타입과 혐오감 제거, 반대 의견을 내는 비판적 사유에 필요한 기술과 용기 배양, 비판적 사유 자체의 활발한 증진 등을 제안했는데, 사이버불링을 위한 해법에 포함시킬 수 있다(한희정, 2015).

## 6. 사이버 범죄의 대응과 예방

### 1) 사이버 범죄의 신고 및 처리 기관

사이버 범죄에 대해서는 인터넷으로 신고가 가능하다. 하지만 신속한 사건 처리를 위해서는 충분한 피해 정보를 제공하고, 보통 7일 이내 형사사건으로 직접 처리할 것인지가 결정되고, 법률적 검토가 필요한 사안일 경우 최대 14일이 소요될 수 있으므로 신속한 처리를 위해서는 경찰관서에 직접 방문하여 신고해야 한다. 사이버 범죄의 신고 및 처리 기관은 다음과 같다(cyberbureau.police.go.kr).

(1) 정보통신망, 개인정보 침해 신고 등
① 방송통신위원회(kcc.go.kr)
 ☎ 02-750-1114: 유, 무선 전파설비 관련 민원
② KISA 한국인터넷진흥원(www.kisa.or.kr)
 ☎ 118: 인터넷 주소관리 및 정책
③ KISA 인터넷 침해대응센터(www.krcert.or.kr)
 ☎ 118: 정보통신망 침해 민원
④ KISA 개인정보 침해신고센터(privacy.kisa.or.kr)
 ☎ 118: 개인정보유출, 침해 민원
⑤ KISA 불법스팸대응센터(spam.kisa.or.kr)
 ☎ 118: 불법스팸 차단 관련 민원

(2) 전자상거래 관련 민원 제기
① 서울전자상거래센터(ecc.seoul.go.kr)
 ☎ 02-2133-4891~6: 전자상거래업체 관리 민원

② 전자거래분쟁조정위원회(ewww.ecmc.or.kr)

☎ 1661-5714: 전자문서, 전자상거래 부쟁조정 민원

③ 한국소비자원(www.kca.go.kr)

☎ 02-3460-3000 소비자 권리 침해 민원

④ 저작권보호센터(www.cleancopyright.or.kr)

☎ 1588-0190 저작권 침해 민원

⑤ 위조상품제보센터(www.patent.go.kr:7078/bp/main/main.do)

☎ 1666-6464 위조 상품 등 침해 민원

(3) 도박사이트 및 음란사이트 등 불법 사이트 심의, 차단

① 방송통신심의위원회(www.kocsc.or.kr)

☎ 1377, 02-3219-5114,5333: 도박사이트 및 음란사이트 등 불법 사이트 심의, 차단

② 게임물관리위원회(www.grac.or.kr)

☎ 051-720-6800: 불법게임물 신고, 민원

③ 여성가족부 청소년보호 상담(www.cyber1388.kr:447/)

☎ 02-3460-3000 소비자 권리 침해 민원

(4) 명예 훼손 등 사이버 폭력 관련 상담

① 방송통신심의위원회 명예훼손 분쟁조정부
(www.kocsc.or.kr/01_onestop/onestop_info.php)

☎ 1377

② 여성가족부 여성 긴급전화(www.mogef.go.kr)

☎ 1366 여성 성폭력 등 신고 민원

(5) 인터넷 이용 등 관련 상담

① 한국정보화진흥원 인터넷 중독대응센터(www.iapc.or.kr)

☎ 1599-0075

② 자살예방협회(www.suicideprevention.or.kr)
☎ 02-413-0892 자살 예방 인터넷 상담 안내

## 2) 피해자 구제 제도

### (1) 스미싱 피해 구제 절차

스미싱(Smishing)의 피해 구제 관련 법령은 「정보통신망 이용촉진 및 정보보호 등에 관한 법률」 제58조(통신과금서비스이용자의 권리 등)에 근거한다.

> 제58조 ③ 통신과금서비스이용자는 통신과금서비스가 자신의 의사에 반하여 제공되었음을 안 때에는 통신과금서비스제공자에게 이에 대한 정정을 요구할 수 있으며(통신과금서비스이용자의 고의 또는 중과실은 제외), 통신과금서비스 제공자는 이용자의 정정요구가 이유 있을 경우 판매자에 대한 이용 대금의 지급을 유보하고 정정요구를 받은 날부터 2주 이내에 처리 결과 통지를 해야 한다.

스마트폰 금융정보를 탈취하는 경우는 "피싱" 피해 구제 관련 법령과 동일하며 유의할 점으로는 스미싱에 의한 소액결제 피해 구제는 통신요금으로 과금된 소액결제금에 대하여 이의를 제기하였을 때 통신사가 아닌 결제대행사와 콘텐츠 제공사가 협의하여 "결제금 청구 취소 여부"를 결정하는 것으로 스미싱에 의한 범죄피해가 아닌 "콘텐츠 구매 후 변심으로 인한 소액결제 환불 요청"이나 "스미싱에 의한 범죄피해가 아닌 경우"에는 구제되지 않는다.

피해 구제 절차는 2013년 방송통신위원회 주재로 SKT 등 이동통신사, 결제대행사 등 11개 업체를 회원으로 하여 결성된 휴대폰결제 민원 중재를 담당하는 사단법인 한국전화결제산업협회의 회원사인 이동통신사와 KG모빌리언스 등 결제대행사가 참여한 가운데 개최된 회의에서 소액결제(통신과금) 피해를 보상하기로 결정한 바 있다. 따라서 구제 절차에 따라 그동안 스미싱 소액결제 피해 중 80~90%는 보상이 완료됐다(cyberbureau.police.go.kr).

> □ 스미싱 피해 구제 절차
> 1. 통신요금 청구서 등을 통해 본인이 직접 결제하지 않은 소액결제 건을 확인하면 소액결제 내역을 지참하여 가까운 경찰서 사이버수사팀를 방문하여 피해사실을 신고한다.
> 2. 신고를 접수한 경찰관에게 요청하여 '사건사고사실확인원'을 발급받는다.
> 3. 피해자는 본인이 가입한 이동통신사 고객센터를 방문하여 통신과금 정정요구를 하면서 '사건사고사실확인원'과 함께 제출한다.
> 4. 이동통신사는 결제대행사와 콘텐츠사업자에게 해당 결제청구에 대한 보류 또는 취소를 요청한다.
> 5. 결제대행사와 콘텐츠사업자는 상호 협의하여 청구된 내용에 대해 스미싱 사기에 의한 피해인지 여부를 확인하게 된다.
> 6. 스미싱에 의한 피해로 판명되면 콘텐츠사업자는 이동통신사에 소액결제 청구를 취소한다고 통보한다.
> 7. 피해자가 통신요금을 아직 납부하지 않은 경우라면 이동통신사에서 피해자에게 소액결제를 제외시킨 통신요금 청구서를 다시 발급하게 된다. 피해자가 이미 통신요금을 납부한 이후라면 콘텐츠사업자가 피해자에게 결제된 소액결제 대금을 환불해 주게 된다.
>
> ※ 피해자가 이동통신사에 통신과금 정정요구를 한 시점부터 소액결제 환불결정이 완료되기까지 통상 14일 정도 소요된다.
>
> 자료 : cyberbureau.police.go.kr

### (2) 피싱 피해 구제 절차

피싱의 피해 구제 관련법령은 「전기통신금융사기 피해 방지 및 피해금 환급에 관한 특별법」 제3조(피해 구제의 신청)와 동 시행령 제3조에 의한 것이다. 파밍의 피해 구제 근거와 절차도 이와 유사하다.

특별법 제3조 ① 피해자는 피해금을 송금·이체한 계좌를 관리하는 금융회사 또는 사기이용계좌를 관리하는 금융회사에 대하여 사기이용계좌의 지급정지 등 전기통신금융사기의 피해 구제를 신청할 수 있다.

동법 시행령 제3조 ① 피해자는 피해 구제신청서에 신분증 사본을 첨부하여 해당 금융회사에 제출한다(다만, 긴급·부득이한 경우 전화 또는 구술로 신청 가능). ② 금융회사는 피해자의 인적사항, 피해내역 및 신청사유 등을 확인하여야 하고, 피해자는 신청한 날부터 영업일 3일 이내 신청서류를 해당 금융회사에 제출해야 한다. ③ 금융회사는 필요한 경우 피해자에게 수사기관의 피해신고확인서 자료의 제출을 요청할 수 있다.

여기서 유의할 점은 피해 구제절차를 통한 환급은 범죄에 이용된 계좌에 잔액이 남아 있을 경우에 가능하고, 잔액이 남아 있지 않고 전부 인출된 경우에는 피의자를 대상으로 별도의 민사소송을 진행해야 하고, 범죄에 이용된 계좌에 남아 있는 잔액과 비교하여 피해자가 많고 각 피해자의 피해금액의 합계가 잔액보다 큰 경우에는 피해자별로 피해금액 전부를 환급받지 못할 수 있다.

□ 피싱 피해 구제 절차
1. 피해자는 범죄에 이용된 계좌를 관리하는 금융회사에 전화로 지급정지를 신청한다. 전화로 하는 경우 3일 이내에 지급정지에 필요한 서류(사건사고사실확인원, 피해 구제신청서)를 제출해야 한다.
2. 피해자는 거주지 관할경찰서(사이버수사팀)에 방문하여 피해사실을 신고한다.
3. 신고를 접수한 경찰관에게 요청하여 '사건사고사실확인원'을 발급받는다.
4. 피해자는 지급정지를 신청한 금융회사를 방문하여 '피해 구제신청서'를 작성해서 '사건사고사실확인원'과 함께 제출한다.

> 5. 금융회사는 신청된 계좌에 대하여 지급정지 조치를 취하고 금융감독원에 예금채권 소멸공고를 요청한다.
> 6. 금융감독원은 2개월간 채권소멸공고를 하고 이 기간 내에 이의신청이 없으면 채권소멸을 확정하고 환급결정액을 금융회사에 통지한다.
> 7. 위 환급결정액이 금융회사에 통지되면 금융회사에서는 피해자에게 해당 금액을 환급하여 주게 된다(통상 2~3일 소요).
> 자료: cyberbureau.police.go.kr

### (3) 메모리해킹(Memory Hacking) 피해 구제 절차

메모리해킹은 피해자의 PC나 스마트폰의 메모리에 상주하면서 금융정보를 빼내거나 조작할 수 있도록 설계된 악성프로그램을 유포시켜, 피해자가 PC나 스마트폰으로 정상적인 금융사이트에 접속해서 입력한 보안카드번호, 계좌번호 등 금융정보를 빼내거나 조작하는 방법으로 피해자의 돈을 부당하게 탈취하는 수법으로 피해 구제 관련법령은 「전자금융거래법」 제9조의 금융회사 또는 전자금융업자의 책임을 규정한 내용이다(cyberbureau.police.go.kr).

제9조 ①금융회사 또는 전자금융업자는 다음 각 호의 어느 하나에 해당하는 사고로 인하여 이용자에게 손해가 발생한 경우에는 그 손해를 배상할 책임을 진다. 즉, 전자금융거래를 위한 전자적 장치 또는 「정보통신망 이용촉진 및 정보보호 등에 관한 법률」 제2조 제1항 제1호에 따른 정보통신망에 침입하여 거짓이나 그 밖의 부정한 방법으로 획득한 접근매체의 이용으로 발생한 사고를 말한다.

② 제1항의 규정에 불구하고 금융회사 또는 전자금융업자는 다음 각 호의 어느 하나에 해당하는 경우에는 그 책임의 전부 또는 일부를 이용자가 부담하게 할 수 있다. 즉, 사고 발생에 있어서 이용자의 고의나 중대한 과실이 있는 경우로서 그 책임의 전부 또는 일부를 이용자의 부담으로 할 수 있다는 취지의 약정을 미리 이용자와 체결한 경우도 해당된다.

피해 구제와 관련해 유의할 점은 피해자의 고의 또는 중과실이 인정되어 손해배상을 받지 못할 수 있는 경우로서 피해자가 전자금융거래를 위한 접근매체를 제3자에게 대여하거나, 제3자가 권한 없이 이용할 수 있음을 쉽게 알 수 있었음에도 접근매체를 누설, 노출하거나 방치한 경우, 금융회사 또는 전자금융업자가 전자금융거래 시 요구하는 추가적인 보안조치에 사용되는 매체·수단 또는 정보에 대하여 누설·노출 또는 방치하거나, 제3자에게 대여, 위임 또는 양도한 경우로서 실례로는 공인인증서·비밀번호·보안카드·OTP 등 접근 및 보안 매체를 공유하거나 제3자에게 제공하는 행위 등이 해당한다(cyberbureau.police.go.kr).

메모리해킹은 '기망'으로 이루어진 사기범죄가 아니어서 「전기통신금융사기 피해 방지 및 피해금 환급에 관한 특별법」에서 정한 구제대상은 아니므로 피싱·파밍과 같은 '지급정지 후 채권소멸 절차'를 적용할 수 없으며, 금융회사에서 '지급대상' 여부를 판단하여 보상금을 지급하는데 범죄자가 피해금액을 인출했는지 여부와 상관없이 보상이 가능하지만, '지급대상' 여부를 판단하는데 시일이 더 소요될 수 있음을 유의해야 한다(cyberbureau.police.go.kr).

□ 메모리해킹 피해 구제 절차
1. 피해자는 범죄에 이용된 계좌를 관리하는 금융회사에 전화로 지급정지를 신청한다. 전화로 하는 경우 3일 이내에 지급정지에 필요한 서류(사건사고사실확인원, 피해 구제신청서)를 제출해야 한다. 단, '지급정지 신청'이 필수절차는 아니다.
2. 피해자는 거주지 관할경찰서(사이버수사팀)에 방문하여 피해사실을 신고한다.
3. 신고를 접수한 경찰관에게 요청하여 '사건사고사실확인원'을 발급받는다.
4. 금융회사를 방문하여 '피해 구제신청서'를 작성해서 '사건사고사실확인원'과 함께 제출한다.

> 5. 금융회사는 보험회사 등을 통해 지급대상 여부를 판단하고 '지급대상'으로 결정되면 보험금 또는 자체 적립금을 이용해 피해자에게 피해금액을 보상한다.
>
> 자료: cyberbureau.police.go.kr

### 3) 사이버 범죄 피해 예방 수칙

사이버 범죄의 예방 방안은 국가, 기업, 개인 차원으로 알아볼 수 있다. 먼저 국가의 경우 현재 경찰청 사이버안전국에서 업무를 담당하고 있는데 최신 정보기술이 범죄에 활용되는 특성에 대응하여 연구개발 능력을 강화하고, 국제 범죄의 특성상 다른 나라와의 공동 수사를 위한 협력 네트워크를 구축해야 한다. 기업의 경우 해킹과 악성 코드 유포 등에 대처하도록 사이버 보안 능력을 강화하고, 전문업체와 긴밀한 협력 하에 피해를 예방하고, 최소화하거나 신속하게 복구하는 시스템을 갖춰야 한다. 그리고 개인의 경우 인터넷과 소셜미디어로 침입하는 사이버 범죄에 경각심을 갖고 주의해야 하며, 피해가 발생할 경우 신속히 경찰청, 방송통신심의위원회 등 관련기관에 신고하여 피해를 회복하고, 범죄자를 적발하도록 협조해야 한다.

> □ 이메일 이용시 주의점
>
> 첫째, 출처가 불분명한 이메일이나 첨부파일은 열지 말고 삭제하거나 첨부파일 열람 및 저장 전에는 반드시 백신으로 검사한다. 둘째, 메일을 통해 개인정보제공을 요구하는 서비스의 경우 가급적 이용을 자제한다. 만약 이용할 경우 반드시 해당 업체 홈페이지에 직접 접속, 확인 후 이용한다. 셋째, 메일을 체크한 후, 중요하지 않은 메일은 즉시 지운다. 넷째, 이메일 프로그램 또는 이메일 제공서비스의 다양한 차단기능을 살펴보고 활용한다. 인터넷 게시판 등에 이메일 주소를 남길 때 신중히 한다. 또한 인터넷 서비스 가입시 광고메일 수신 여부를 반드시 확인한다.
>
> 자료: cyberbureau.police.go.kr

□ 온라인 금융거래 주의점

첫째, 은행, 신용카드 등 금융기관 사이트는 즐겨찾기를 이용하거나, 주소를 정확하게 입력하고 이용한다.
둘째, 금융기관 등에서는 전화나 메일로 개인정보를 확인하는 경우는 없으므로 정보를 요청하는 메일은 일단 의심한다.
셋째, 공인인증서는 반드시 USB 등 이동식 저장장치에 보관한다.
넷째, 보안카드는 반드시 본인이 소지하고, 온라인 상의 다른 곳에 기재해 두지 않는다.
다섯째, 온라인 금융거래 이용 후, 이를 알려주는 휴대폰 문자서비스를 이용한다.
여섯째, 시간이 걸리더라도 금융기관에서 제공하는 보안프로그램은 반드시 설치한다.
일곱째, 금융기관 이용 비밀번호 등은 기타 다른 사이트의 비밀번호와는 다르게 설정한다.
열째, 공공장소 PC는 보안에 취약하므로 온라인 금융거래 이용을 자제한다.
자료: cyberbureau.police.go.kr

## 요약 정리

1. 사이버 범죄는 컴퓨터와 인터넷 등을 이용하여 사이버 공간에서 행하는 범죄로서 익명성으로 인해 범죄 의도가 약한 상태에서 저지르게 되고, 통신 연결망을 통해 빠르게 확산되지만 범인의 추적이 어렵고, 증거 확보가 쉽지 않고, 해외 소재 범인의 수사권이 제한되므로 범죄 수사에 어려움이 많다.

2. 정보통신망 침해 범죄는 정당한 접근 권한 없이 또는 허용된 접근 권한을 넘어 컴퓨터 또는 정보통신망(컴퓨터 시스템)에 침입하거나 시스템, 데이터 프로그램을 훼손·멸실·변경한 경우, 정보통신망(컴퓨터 시스템)에 성능을 저하시키고 사용하지 못하게 장애를 발생하게 한 경우가 해당한다.

3. 정보통신망 이용 범죄는 정보통신망(컴퓨터 시스템)을 범죄의 본질적 구성요건에 해당하는 행위를 행하는 주요 수단으로 이용하는 경우로 컴퓨터 시스템을 전통적인 범죄를 행하기 위하여 이용하는 인터넷 사용자간의 범죄를 말한다. 구체적으로 인터넷 사기(직거래 사기·쇼핑몰 사기·게임 사기 등), 사이버금융범죄(피싱·파밍·스미싱·메모리해킹·몸캠피싱 등), 개인·위치정보 침해, 사이버 저작권 침해, 스팸메일, 기타 등이 있다.

4. 불법콘텐츠 범죄의 개념은 정보통신망(컴퓨터 시스템)을 통하여, 법률에서 금지하는 재화, 서비스 또는 정보를 배포, 판매, 임대, 전시하는 경우로 정보통신망을 통하여 유통되는 '콘텐츠' 자체가 불법적인 경우(정통망법 제44조의7의 용어 활용)를 말한다. 구체적으로 사이버 음란물, 사이버도박, 사이버 명예훼손과 모욕, 사이버스토킹, 기타 불법 콘텐츠 범죄 등이 해당한다.

5. 사이버 불링(cyber bullying)은 사이버 공간에서 반복적이거나 고의적으로 악성댓글, 협박, 헛소문, 수치스러운 성적 사진이나 동영상 유포 등으로 피해자를 괴롭히고 고통을 주는 행위로 사이버 폭력, 언어폭력, 사이버 따돌림, 사이버 왕따 등 다양한 용어가 사용된다.

6. 사이버 범죄에 대해서는 인터넷으로 신고가 가능하지만 신속한 처리를 위해서는 경찰관서에 직접 방문하여 신고해야 한다.

7. 사이버 범죄의 예방을 위해 국가는 경찰청 사이버안전국의 수사와 정보기술 분석 역량을 강화하고, 기업은 해킹과 악성 코드 유포 등에 대처하도록 사이버 보안 능력을 강화하고, 신속한 복구 시스템을 갖추고, 개인은 사이버 범죄에 경각심을 갖고 신속한 신고로 피해를 최소화해야 한다.

# 9장

# 정보사회의 저작권

정보사회의 저작물은 독창적인 정보를 담고 있어서 법적으로 보호된다. 저작권은 저작자가 저작물을 창작한 즉시 발효되며, 어떠한 절차나 형식의 이행이 필요하지 않고, 저작자의 생존 기간과 사망 후 70년간 보호된다. 저작권의 주요 종류로 저작인격권, 지적재산권 등이 있는데, 배타적, 독점적 이용에도 불구하고 공공의 이익과 문화 발전을 위해 일정 범위에서 저작권이 제한된다. 저작권 침해를 막기 위한 기술 개발 방안으로 전자지문과 같은 암호화를 적용한 DRM, 콘텐츠에 비가시적 데이터 정보를 삽입하고, 검출기로 식별하는 워터마킹, 콘텐츠의 구매, 배포, 이용 경로 등을 기록한 포렌식마킹 등이 있다.

# 1. 저작권의 개념과 종류

## 1) 저작권의 개념

저작권은 저작자의 저작물에 대한 권리를 보호하기 위한 개념이다. 저작물은 인간의 사상 또는 감정을 표현한 창작물로서(저작권법 제2조) 독창성과 사상, 감정의 표현성 등을 담고 있다. 저작물의 성립요건인 독창성(originality)은 다른 저작물을 베끼지 않았고, 저작자의 독자적이고 개별적인 정신활동의 창조적 산물을 의미하고, 사상과 감정의 표현성은 사상과 감정 그 자체나 또는 사실의 나열이 아니고, 사상과 감정을 외부에서 인식할 수 있도록 표현한 것을 말한다. 미국의 경우 저작권법은 고정화(fixation)를 요구한다. 예를 들어, 즉흥 강연의 경우 소리를 이용해 외부적으로 표현하여 저작물의 특성을 지니지만 녹음하여 파일로 저장하는 등 고정화가 될 것을 요구한다.

저작권은 재산적 가치를 지니므로 저작자는 저작권의 매매와 상속, 임대가 가능하고, 다른 사람이 허락 없이 무단으로 저작물을 사용할 경우 민사상 손해배상과 형사상 처벌을 요구할 수 있다. 하지만 저작권은 교육 등 공공의 목적을 위해 일정한 범위 안에서 권리행사가 제한될 수 있다.

저작권은 형체가 없는 공공재로서, 일정한 기간 보호되는 무체재산권, 제한적 권리, 배타적 권리 등의 세 가지 특징을 지닌다. 무체재산권은 인간의 창의성을 담은 지적재산권임을, 제한적 권리는 특정한 조건에서 공적으로 사용할 수 있는 공공재임을 그리고 배타적 권리는 타인의 침해로부터 보호받음을 각각 의미한다.

## 2) 저작권의 종류

저작권법은 저작자에게 저작인격권과 지적재산권을 인정한다. 저작인격권은 저작자가 저작물을 통해 소유하는 인격적인 이익을 보호하기 위한 권리로서 타인에게 양도가 불가능하고, 저작권자 사망 후에도 보호를 받는다. 지적재산권은 소유권과 같이 배타적인 경제적 권리로서 양도가 가능하고, 저작자의 허락 없이는 누구도 해당 저작물을 이용하지 못하지만 정당한 범위 내에서의 교육 자료 활용과 학문적 인용처럼 권리 행사와 보호기간에서 제한이 있다.

### (1) 저작인격권

저작인격권에는 공표권·성명표시권·동일성 유지권이 포함된다.

첫째, 공표권은 자신의 저작물에 대해서 공연·방송·전시 등의 방법으로 공표 여부를 결정할 권리로, 저작자는 그 저작물을 공표하거나 공표하지 않을 권리를 가지므로 타인이 저작물을 공표해서는 안 된다.

둘째, 성명표시권은 저작자 자신이 저작물의 원작품이나 복제물을 공표할 때, 창작자임을 주장할 수 있는 권리를 말한다. 저작자는 저작물의 원작품이나 그 복제물 또는 저작물의 공표 때 그의 실제 이름, 연예계에서 활동하는 예명 또는 다르게 불리는 이름 등을 자유의사에 따라 표시할 권리를 가진다. 저작물을 이용하는 자는 그 저작물에 특별한 의사 표시가 없을 때는 그의 실명 또는 이명을 표시해야 하는데, 성명을 표시하지 않을 권리도 해당한다.

셋째, 동일성 유지권은 저작자 인격의 표현물인 저작물을 그대로 유지시키고 내용과 형식, 제호를 무단히 변경·삭제·개변 등에 의해서 손상되지 않도록 할 권리를 의미한다. 하지만 영상 저작물의 경우에는 실제 창작권자와 제작자가 다른데, 원작자·시나리오 작가·감독·배우·촬영자·작곡가·미술가 등이 참여하지만 영상 제작자가 저작권을 행사하고, 음악을 개별 저작물로 이용할 경우 음악가의 저작권 행사를 허용하기 때문이다.

### (2) 지적재산권

지적재산권에는 복제권·공연권·공중송신권·전시권·배포권·대여권·2차적 저작물 작성권 등이 있는데 차례로 살펴보겠다.

첫째, 복제권은 가장 기본적인 저작권으로 인쇄·사진·복사·녹음·녹화 등의 방식으로 저작물을 다시 저작하는 것을 말하는데 타인의 저작물을 복제하려면 저작권자의 허락이 필요하다.

둘째, 공연권은 저작물을 보고 듣도록 하는 권리로 상연·연주·가창·연설·상영 등으로 공개하는 것으로 방송국에서 음반을 다수의 사람들에게 들려주려면 저작권자의 허락이 필요하다.

셋째, 공중송신권은 저작물 중에서 실연·음반·방송 등을 공중이 수신하고 접근하도록 무선 또는 유선 통신으로 송신하거나 제공하는 것이다.

넷째, 전시권은 미술·건축·사진의 경우 저작물을 전시하는 것으로 타인의 미술 작품을 소유할 경우 원작품의 전시는 가능하지만 복제물을 전시할 권리를 갖지는 못한다.

다섯째, 배포권은 저작물과 그 복제품을 일반인에게 제공하는 권리로 저작권자가 배포할 경우 최초 판매의 원칙과 권리 소진 이론에 따라 배포권이 소멸된다.

여섯째, 대여권은 복제물을 영리목적으로 대여할 경우 저작권자가 허락할 권리로 음반과 컴퓨터 프로그램에서 인정된다.

일곱째, 2차적 저작물 작성권은 저작물의 번역·편곡·변형·각색·영상제작 등에서 원저작자의 허락을 받도록 한 것으로 계약 내용에 따라 영향을 받는다.

(3) 저작인접권
음악에서 실연자, 음반제작자, 방송사업자를 보호하는 권리로 저작물을 해설하고, 매개하고, 전달하는 사람에게 부여되는데, 실연자는 녹음·녹화·사진 촬영 권리를, 음반제작자는 복제, 배포, 대여, 전송권을 그리고 방송사업자는 복제와 공연, 동시중계방송권을 각각 갖는다.

## 2. 저작권의 관리와 제한

### 1) 저작권의 관리

저작권은 저작자가 저작물을 창작한 즉시 발효되며, 어떠한 절차나 형식의 이행이 필요하지 않다(저작권법 제10조 2항). 저작권 등록은 효과적 권리 구제를 위한 것으로 저작권법 제53조에서 저작자의 실명 또는 이녕·국석·주소 또는 서소 등을 포함해 저작물의 제호·종류·창작 연월일·공표 여부·맨 처음 공표된 국가·공표 연월일 등을 등록하면 법적인 추정력과 대항력이 발생한다.
저작권의 보호 기간은 저작자의 생존 기간과 사망 후 70년간이며, 공동저작물은 마지막 사망 저작자를 기준으로 하고, 사망 시점을 알 수 없는 경우 공표된 시점의 다음해 1월 1일을 기존으로 70년간을 적용한다.

## 2) 저작권의 제한

저작권의 배타적, 독점적 이용에도 불구하고 공공의 이익과 문화 발전을 위해 저작권법 제23조에서 제38조까지 저작자의 재산권이 제한되는 경우를 다음과 같이 규정한다(www.copyright.or.kr).

① 재판 절차를 위하여 필요한 경우이거나 입법, 행정의 목적을 위한 내부 자료로 필요한 경우
② 고등학교 이하의 학교교육 목적상 필요한 교과용 도서에 게재하는 경우와 초·중·고·대학교 및 국·공립교육기관에서 교육 목적상 저작물을 방송하거나 복제하는 경우(다만, 대학교 및 기타 교육기관의 경우는 보상금을 지급해야 함)
③ 비영리 목적으로 어떠한 대가도 받지 않고 저작물을 공연 또는 방송하는 경우와 직접적인 대가를 받지 않고 음반이나 비디오테이프를 재생하는 경우(다만, 무도장이나 음악 감상실 등은 제외)
④ 사적 이용을 위하여 가정 등에서 복제하는 경우
⑤ 보도·비평·교육·연구 등을 위하여 정당한 범위 안에서 인용하는 경우
⑥ 도서관 등에서 이용자의 요구에 의하여 일부를 복제하는 경우와 자료의 보존을 위하여 복제하는 경우
⑦ 비영리 목적의 시험문제로 복제하는 경우
⑧ 점자로 복제하는 경우
⑨ 방송사업자가 자체 방송을 위하여 일시적으로 녹음·녹화하는 경우
⑩ 미술저작물 등(사진저작물, 건축저작물 포함)의 소유자 등이 그 저

작물의 원작품에 의하여 전시를 하는 경우와 가로, 공원 등에 전시된 저작물을 복제하는 경우(다만, 건축물을 건축물로, 조각을 조각으로, 회화를 회화로, 가로·공원 등에 항시 전시할 목적으로 복제하는 경우는 제외)

⑪ 기타 학교교육 목적상 또는 사적 이용 등을 위하여 저작물을 번역, 편곡, 개작하는 경우 등이 이에 속한다.

컴퓨터 프로그램의 경우 일반저작물과 다른 프로그램만의 특성을 고려하여 별도의 저작재산권 제한 규정을 둔다.

1. 재판 또는 수사를 위하여 복제하는 경우
2. 학교 및 교육기관에서 교육을 담당하는 자가 수업과정에 제공할 목적으로 복제 또는 배포하는 경우
3. 학교의 교육목적을 위한 교과용 도서에 게재하기 위하여 복제하는 경우(보상금 지급)
4. 가정과 같은 한정된 장소에서 개인적인 목적(영리를 목적으로 하는 경우 제외)으로 복제하는 경우
5. 학교의 입학시험이나 그 밖의 학식 및 기능에 관한 시험 또는 검정을 목적(영리를 목적으로 하는 경우 제외)으로 복제 또는 배포하는 경우
6. 프로그램의 기초를 이루는 아이디어 및 원리를 확인하기 위하여 프로그램이 기능을 조사, 연구, 시험할 목적으로 복제하는 경우(정당한 권한에 의하여 프로그램을 이용하는 자가 해당 프로그램을 이용 중인 때에 한함)

이밖에 법정허락에 의한 제한으로 저작권자를 알 수 없거나 공익상 그 저작물의 이용이 절대 필요한 경우 등에는 보상금을 공탁하거나 지

급하고 저작물을 이용할 수도 있다.

① 저작재산권자가 불명하거나 그의 거소를 알 수 없어 협의가 불가능한 경우의 이용
② 저작물의 방송이 공익상 필요하나 저작재산권자와 협의가 성립하지 못한 경우
③ 판매용 음반의 국내 판매 3년 후 다른 판매용 음반에 수록하고자 하나 협의가 성립되지 아니하는 경우

## 3. 저작권 침해와 구제

### 1) 저작권 침해

저작권 침해는 저작물의 무단 사용으로 저작자가 갖고 있는 저작권법이 부여한 권리를 침해하는 행위다. 예를 들어 다른 사람에게 배포할 목적으로 저작권 침해 물건을 소지하고, 해외에서 수입하고, 저작권을 침해한 프로그램 복제물이 저작권 침해임을 알면서도 이용하고, 저작권자의 인격을 침해하는 방법으로 저작물을 이용하는 경우 저작권 침해 행위에 해당한다.

직접적인 저작권 침해는 아니지만 침해라고 볼 수 있는 행위와 관련해 저작권법이 지적한 내용은 다음과 같다. 즉, 기술적 보호 조치를 무력화하는 행위, 권리 관리 정보를 제거하거나 변경하는 행위, 암호화된 방송 신호를 무력화하는 행위, 저작물의 라벨을 위조하는 행위, 영화관

에서 영화를 몰래 촬영하는 행위, 권한 없이 방송 전 신호를 제삼자에게 송신하는 행위 등이다(최희식·김상균, 2016: 159-160).

한국저작권위원회(www.copyright.or.kr)가 소개하는 '생활 속의 저작권 침해 유형 10가지'는 다음과 같다.

① 인터넷에서 떠도는 글, 그림, 사진 퍼서 내 홈피에 옮기기
저작자 표시가 없어도 저작권자는 반드시 있다.
② 공유사이트·웹하드 등에서 자료 주고받기
저작물을 함부로 올려서 공유하면 안 된다. 반드시 허락을 받아야 한다.
③ 영화·음악파일 게시판 자료로 올리기
직접 만든 영화, 직접 만든 음악이 아니라면 대부분의 영화와 음악 파일을 올릴 때에는 반드시 저작권자의 허락을 받아야 한다.
④ 컴퓨터 프로그램, CD로 구워서 친구들에게 나눠주기
컴퓨터 프로그램도 저작권법에서 보호하고 있는 저작물이다.
⑤ 멋진 음악, 내 홈피나 블로그에 배경 음악으로 쓰기
미니홈피나 블로그 회사에 대가를 치르고 구입한 음악은 괜찮지만, 여러분이 가진 음악 파일을 변환해서 배경 음악으로 쓰는 것은 안 된다.
⑥ 인기 드라마, 예능 등 방송 프로그램 캡처하여 인터넷에 올리기
멋진 장면을 캡처하여 인터넷에 올리면 저작권 침해가 된다.
⑦ 좋아하는 가수 팬클럽 카페에 음악 올리기
가수가 부른 노래의 작사가와 작곡가, 음반제작자의 허락을 얻어야 한다. 가수는 노래를 부른데 대한 저작인접권만 있다.
⑧ 글짓기, 그리기 대회에 다른 사람 글, 그림 베껴서 내기
인터넷에서 본 글이나 그림을 표절하면 상처를 준다.

⑨ 학교 과제, 인터넷 자료만 그대로 옮겨서 내 것인 양 제출하기
 다양한 자료를 찾아서 참고할 수는 있다. 내가 한 것은 아니다.
⑩ 문제집, 참고서 등 학습 자료 스캔해서 학교 홈페이지에 올리기
 학습자료에도 모두 저작권이 있다.

### 2) 저작권 침해 유형

저작권의 권리침해는 저작재산권 침해, 저작인격권 침해, 저작인접권 침해 등 크게 3가지로 분류되고, 저작권자 등의 권리보호에 만전을 기하기 위하여 이들 분류에는 직접 해당하지 아니하나 실질적으로는 이들 침해행위와 동조할 수 있는 일정한 행위에 대해서도 법은 권리침해 행위로 보고 있다(저작권법 제124조).

첫째, 지식재산권은 배타적 금지권으로 이용자가 저작권자로부터 사전 허락을 얻거나 그 밖의 정당한 근거가 있어야 하고, 사전에 허락을 얻지 않거나 정당한 근거 없이 타인의 저작물을 이용할 경우 무단이용에 해당한다. 무단이용의 유형에는 표절(剽竊) 또는 도작(盜作)을 비롯해 이용범위를 초과하여 이용한 경우, 계약관계가 소멸된 후의 저작물 이용 등이 해당한다. 둘째, 저작인격권의 침해에는 공표권 침해, 성명표시권 침해, 동일성 유지권 침해 등이 해당된다. 셋째, 저작인접권 침해는 재산권 침해의 경우 실연·음반·방송물 등을 경제적으로 이용할 수 있는 각종의 배타적 이용권을 허락 없이 무단 이용하는 것이고, 인격권 침해의 경우 실연자의 개성을 반영하여 성명표시권, 동일성유지권 및 일신전속성 등이 해당된다. 넷째, 침해로 보는 행위는 복제·공연·공중송신 등의 저작권 직접 침해를 효과적으로 방지하기 위해 간접적, 예비적 침해 행위를 금지한다.

인터넷과 소셜미디어 시대의 저작권 침해 유형과 관련해 온라인과

프로그램의 두 가지 사례를 들 수 있는데, 먼저 온라인 침해와 관련한 사례를 다른 저작물을 올리기·복사하기·다운로드 하기·링크하기 등 네 가지로 나누어 간략히 살펴보겠다.

먼저 자신이 구매한 도서를 직접 타이핑하여 인터넷에 올릴 경우, 자신이 구매한 잡지의 사진을 스캔하여 인터넷에 올릴 경우, 자신이 소장한 영화 파일을 개인 블로그에 올릴 경우, 다음에 인터넷에서 검색한 디지털 뉴스를 복사하여 사용하고, 개인 블로그에 신문 기사를 스크랩하는 경우, 그리고 파일 공유 사이트에서 음원 파일과 유료와 무료 영화를 다운로드할 경우, 각각 저작권 침해 행위에 해당하지만 개인 블로그에 특정 웹 페이지의 URL 주소만을 게시하여 이용자가 클릭하여 해당 웹 페이지로 접속하도록 연결시키는 행위는 저작권 침해에 해당하지 않는다(최희식·김상균, 2016: 160-161).

다음에 컴퓨터 프로그램과 관련해서 정당한 권한 없이 타인의 프로그램을 복제·개작·번역·배포·발행·전송 등을 행하고, 국내 배포 목적을 위해 무단으로 수입하면 각각 저작권 또는 배타적 발행권을 침해하는 것이고, 일반적으로 침해할 경우 5년 이하의 징역 또는 5천만 원 이하의 벌금과 병과(竝科, 동시에 두 가지 이상의 형벌을 내림)가 가능하고, 프로그램 저작권 침해 상습범의 경우 각각 7년 이하와 7천만 원 이하로 가중 처벌할 수 있다.

## 3) 저작권 침해의 구제 방안

### (1) 기술적 보호 방안

정보사회의 저작권 침해에 대해 정보통신 기술을 활용한 구제 방안, 즉 기술적 보호 방안이 모색되는데 침해 기술을 보호 기술로 대응하는 방안이다. 저작물의 보호 기술에는 복제·방송·배포 행위를 통제하는 이용 통제(use control)와 접근을 통제하는 접근 통제(access control)가 있다.

이와 함께 정보사회의 저작권 침해를 방지하는 주요 기술적 조치는 다음과 같다.

먼저 DRM(digital rights management)은 일종의 전자 지문으로, 사용자가 파일을 인터넷에서 내려 받아 처음 저장한 컴퓨터에서 다른 컴퓨터로 옮길 수 없게 하거나, 전용 소프트웨어를 사용해야만 즐길 수 있게 해주는 콘텐츠 암호화를 적용한 기술이다.

다음에 워터마킹(watermarking)은 동영상 콘텐츠의 음성 트랙(track) 등에 특정 메시지나 사람이 인지할 수 없는 비가시적 데이터 정보를 삽입하여 해당 영화 저작물이 불법저작물인지 여부를 확정할 수 있는 기술이다.

그리고 포렌식마킹(forensic marking)은 이미지·오디오·비디오와 같은 디지털콘텐츠에 제품 구매자의 정보·유통 경로·사용자 정보 등의 기록 내용을 삽입하여 콘텐츠의 불법 유포자를 추적하여 불법 복제자를 밝히는데 이용한다.

(2) 제도적 구제 방안

저작권 침해에 제도적 구제 방안은 민사적·형사적·행정적 방안으로 나누어 살펴볼 수 있다(최희식·김상균, 2016: 164).

첫째, 민사적 구제 방안은 지식재산권이 개인과 기업의 재산권으로 침해의 우려에 대한 침해의 금지와 예방을 해야 한다. 침해 이후 불법 행위로 발생한 손해에 대한 손해배상 청구를 할 수 있으며 저작 인격권 침해에 대해서는 명예 회복에 필요한 조치 등 민사 소송이 일반적이다.

둘째, 형사적 구제 조치와 관련해 권리자의 고소가 있어야 공소 절차가 가능한 경우와 고소가 없어도 정부가 인지하여 처벌하는 경우가 모두 가능하다. 저작권법 위반 행위는 고의 기수범만 처벌하고, 과실범과 미수범은 처벌되지 않고 있다.

셋째, 행정적 구제는 행정 규제와 권고, 시정 조치 명령 등을 통해 지식재산권 침해 행위에 대응하는 것으로 구체적인 사례로 특허청이 표장과 표시를 침해하는 부정 경쟁 행위에 대하여 중지·제거·폐기 등의 시정에 필요한 권고를 하고 있다. 산업통상자원부장관이 국가의 연구개발비를 지원받아 개발한 핵심기술에 대해 외국기업에 매각, 이전할 경우 승인을 받도록 하고 있으며 문화체육부 장관은 인터넷을 통해 저작권을 침해하는 복제물 또는 정부, 기술적 보호 조치를 무력하게 하는 프로그램 또는 정보 등 불법복제물 전송에 대해 온라인 서비스 제공자에게 복제, 전송자에 대한 경고와 불법 복제물 등의 삭제 또는 전송 중단 조치를 명할 수 있다.

(3) 올바른 저작물 이용 방안

한국저작권위원회(www.copyright.or.kr)는 올바른 저작물 이용방법으로 정품 구입과 저작권자의 허락을 받은 이용을 강조한다.

첫째, 음악이나 영화, 또는 컴퓨터 게임 등 일상생활 속 저작물의 정품을 구입해 이용하는 것은 창작 의욕을 높여 문화 산업을 발전시킬 수 있다.

둘째, 저작권자로 부터 허락을 받고 이용해야 하는데, 정품을 구입했다 하더라도 저작물을 이용하려면 반드시 미리 저작권자의 허락을 받아야 하는 경우로서 책이나 CD를 구입했지만, 그 안에 담긴 글이나 음악을 개인적으로만 이용하는 것이 아니라 모든 사람들에게 공개된 장소인 미니홈피나 블로그를 꾸미는데 사용한다든지 하는 경우가 해당된다.

원칙적으로 저작권자의 허락을 받아야 하지만 허락 없이도 이용할 수 있는 저작물의 경우도 있으므로, 다음의 단계에 따라 이용하는 것이 권장된다.

저작물 이용단계를 설명하면 첫째, 무슨 저작물을 어떤 방법으로 이용할 것인지를 결정하고, 둘째, 그 저작물의 보호여부를 확인하는데, 보호기간과 법적 보호여부를 알아보고, 보호 대상이 아닌 경우 해당 저작물은 이용 가능하고, 셋째, 저작물 이용 방식이 저작권법상 허용되는 방식인지 확인하는데, 허락이 없어도 이용할 수 있다면 이용하고, 넷째, 저작권자에게 저작물 제목과 이용 방법 등을 자세히 알리고 허락을 받는 단계로 저작권 신탁 관리단체와 저작권 대리 중개업체로부터 허락을 받고, 다섯째, 허락을 받은 범위 내에서만 이용하는데, 저작자 표시, 출처 표시 등을 명확히 하고 사용해야 한다(www.copyright.or.kr).

# 요약 정리

1. 저작권은 저작자의 저작물에 대한 권리를 보호하기 위한 개념이다. 저작권은 저작자가 저작물을 창작한 즉시 발효되며, 어떠한 절차나 형식의 이행이 필요하지 않다.
2. 저작물은 인간의 사상 또는 감정을 표현한 창작물로서 독창성과 사상과 감정의 표현성 등을 담고 있다.
3. 저작권법은 저작자에게 저작인격권과 지적재산권을 인정한다. 저작권의 보호 기간은 저작자의 생존 기간과 사망 후 70년간이다.
4. 저작인격권은 저작자가 저작물을 통해 소유하는 인격적인 이익을 보호하기 위한 권리로서 타인에게 양도가 불가능하고, 저작권자 사망 후에도 보호를 받는다.
5. 지적재산권은 소유권과 같이 배타적인 경제적 권리로서 양도가 가능하고, 저작자의 허락 없이는 누구도 해당 저작물을 이용하지 못하지만 정당한 범위 내에서의 교육 자료 활용과 학문적 인용처럼 권리 행사와 보호기간에서 제한이 있다.
6. 저작권의 배타적, 독점적 이용에도 불구하고 공공의 이익과 문화 발전을 위해 저작권이 제한되는 범위로 재판 절차에 필요한 경우와 입법, 행정 목적의 내부 자료 사용, 고등학교 이하의 교과용 도서 게재 목적, 비영리 목적, 가정의 복제, 보도 비평 교육 연구 등을 위한 인용과 법이 정한 상황에서 저작자의 재산권이 제한된다.
7. 저작권 침해는 저작물의 무단 사용으로 저작자가 갖고 있는 저작권법이 부여한 권리를 침해하는 행위와 기술적 보호 조치를 무력화하는 행위, 권리 관리 정보를 제거하거나 변경하는 행위, 암호화된 방송 신호를 무력화하는 행위, 저작물의 라벨을 위조하는 행위, 영화관에서 영화를 몰래 촬영하는 행위, 권한 없이 방송 전 신호를 제삼자에게 송신하는 행위 등이 해당한다.
8. 정보사회의 저작권 침해를 방지하는 기술적 조치로서 콘텐츠에 전자지문과 같은 암호화를 적용한 DRM(digital rights management), 동영상 콘텐츠에 비가시적 데이터 정보나 특정 메시지를 삽입하고, 검출기로 식별하는 워터마킹(watermarking), 콘텐츠가 구매·배포·이용 경로 등의 기록을 삽입하여 불법 유포자를 추적하는 포렌식마킹(forensic marking) 등이 있다.

# 10장

# 개인정보보호

10장은 정보사회에서 개인정보가 하나의 자원으로 중시되어 수집, 이용되는 과정에서 개인정보의 오용과 악용으로 인한 피해를 줄이는 개인정보보호 방안을 알아본다. 개인정보는 살아 있는 개인에 관한 정보로서 개인을 알아볼 수 있는 정보이며, 해당 정보만으로는 특정 개인을 알아볼 수 없더라도 다른 정보와 쉽게 결합하여 알아볼 수 있는 정보를 포함한다. 개인정보의 유형은 일반 정보·신체적 정보·정신적 정보·재산적 정보·사회적 정보·통신위치 정보 등으로 분류된다. 행정자치부의 개인정보 수집 최소화 가이드라인이 제시하는 기본 원칙은 필요 최소한의 개인정보 수집, 정보주체의 실질적 동의권 보장, 고유식별정보 및 민감정보 처리 제한 등 세 가지로 구성된다.

# 1. 개인정보의 개념

## 1) 개인정보의 개념과 보호의 필요성

### (1) 개인정보의 개념

개인정보는 생존하는 개인이 누구인지 알아볼 수 있는 정보다. 개인정보 해당 여부 판단 기준과 관련해 개인정보보호법 등 관련 법률이 규정한 개인정보의 개념 정의에 해당하지 않는 경우에는 개인정보가 아니라고 판단한다.

즉, "개인정보는 ㉠살아 있는 ㉡개인에 관한 ㉢정보로서 ㉣개인을 알아볼 수 있는 정보이며, 해당 정보만으로는 특정 개인을 알아볼 수 없더라도 ㉤다른 정보와 쉽게 결합하여 알아볼 수 있는 정보를 포함한다."는 정의를 통해 ㉠사망한 자·법인·단체 또는 사물 등에 관한 정보는 개인정보에 해당하지 않고, ㉡여럿이 모여서 이룬 집단의 통계값 등은 개인정보에 해당하지 않고, ㉢정보의 종류·형태·성격·형식 등에 관하여는 특별한 제한이 없고, ㉣특정개인을 알아보기 어려운 정보는 개인정보가 아니고, ㉤'다른 정보와 쉽게 결합하여'란 결합 대상이 될 다른 정보의 입수 가능성이 있어야 하고, 또 다른 정보와의 결합 가능성이 높아야 개인정보에 해당함을 각각 의미한다(www.privacy.go.kr).

이름, 주소, 전화번호, 주민등록번호 등을 부호, 문자, 음성, 음향, 영상 등의 정보를 통해 표시할 경우 해당 개인이 누구인지 식별할 수 있으므로 개인정보에 해당한다. 또한 성별, 출생지, 가족 명단, 학력, 경력, 직위 등과 같이 개별 정보를 1개 이상의 다른 개별 정보와 함께 활용하여 개인을 식별할 수 있어도 개인정보가 된다.

국가는 인구총조사를 실시하여 개인정보를 수집, 분석한 자료를 활용하여 국가의 주요 정책을 수립, 추진, 평가하는 자료로 활용한다. 이 과정에서 개인정보가 유출될 경우 개인의 안전에 손실을 입히므로 신중하게 관리해야 한다.

(2) 개인정보보호의 필요성

인터넷과 소셜미디어 시대에 개인정보는 사회의 중요한 자원이다. 왜냐하면 정보 기술의 발달에 따라 개인정보를 활용한 서비스를 정부와 민간에서 제공하기 시작하고, 일정한 규모로 개인정보를 보유할 경우 자산으로 간주되기 때문이다. 따라서 개인정보의 수집·이용 과정에서 오용과 악용으로 인한 피해가 발생할 위험이 커지므로 개인정보보호의 필요성을 인식하고, 다양한 보호 방안을 수립·추진해야 한다.

개인정보 침해에 따른 개인, 기업, 국가의 피해를 알아보면 먼저, 개인의 경우 정신적 피해뿐만 아니라 명의도용, 보이스피싱에 의한 금전적 손해, 유괴 등 각종 범죄에 노출되고, 기업의 경우 이미지 실추, 소비자단체 등의 불매운동, 다수 피해자에 대한 집단적손해배상시 기업경영에 큰 타격이 초래되고, 국가의 경우 프라이버시를 중시하는 국제환경에서 IT산업의 수출이 어려워지고, 전자정부의 신뢰성과 국가브랜드가 하락하게 된다.

## 2) 개인정보의 권리와 분류

개인이 정보주체로서 갖는 권리(개인정보보호법 제4조)로 개인정보의 처리에 관한 정보를 제공받을 권리, 개인정보의 처리에 관한 동의 여부, 동의 범위 등을 선택하고 결정할 권리, 개인정보의 처리 여부를 확인하고 개인정보에 대하여 열람(사본의 발급을 포함한다. 이하 같다)을 요구할 권리, 개인정보의 처리 정지, 정정·삭제 및 파기를 요구할 권리, 개인정보의 처리로 인하여 발생한 피해를 신속하고 공정한 절차에 따라 구제받을 권리 등이 있다.

개인정보의 유형 별 분류에서 일반 정보·신체적 정보·정신적 정보·재산적 정보·사회적 정보·통신위치 정보 등으로 나눌 수 있다(최희식·김상균, 2016).

첫째, 일반 정보는 이름·주민등록번호·주소·전화번호·생년월일·출생지·본적지·성별·국적·이메일 주소·ID/PW·가족 관계 및 가족 구성원의 정보·IP주소 등이 해당한다.

둘째, 신체적 정보에는 신체 정보와 의료 및 건강정보가 해당한다. 신체 정보는 얼굴·지문·홍채·음성·유전자 정보·키·몸무게 등이며 의료 및 건강정보에는 건강 상태·진료 기록·신체장애·장애 등급 등이 해당된다.

셋째, 정신적 정보에는 기호·성향 정보와 신념·사상 정보가 해당한다. 기호 및 성향 정보는 도서 및 비디오 대여 기록·잡지 구독 정보·여행 등 활동 내역·물품 구매 내역·인터넷 웹 사이트 검색 내역 등이다. 신념·사상 정보에는 종교 및 활동 내역·정당 또는 노조 가입 여부 및 활동 내역 등이 해당된다.

넷째, 재산적 정보에는 개인·금융 정보와 신용 정보가 해당한다. 개인·금융 정보는 소득 정보·신용카드 번호 및 비밀번호·통장 계좌번호 및 비밀번호·동산 및 부동산 보유 내역·저축 내역 등이다. 신용 정보는 개인 신용 평가 정보·대출 또는 담보 설정 내역·신용카드 사용 내역 등이다.

다섯째, 사회적 정보에는 교육 정보·법적 정보·근로 정보·병역 정보 등이 해당한다. 교육 정보는 학력·성적·출결·자격증 보유 내역·상벌기록·생활기록부 등이며 법적 정보는 전과·범죄 기록·재판 기록·과태료 납부 내역 등이다. 근로 정보에는 직장·고용주·근무처·근로 경력·상벌 기록·직무 평가 기록 등이 해당된다. 병역 정보는 병역 여부·군번·계급·근무 부대 등에 관한 정보이다.

여섯째, 통신위치 정보에는 통신 정보와 위치 정보가 해당한다. 통신 정보에는 통화 내역·인터넷 웹 사이트 접속 내역·이메일이나 전화 메시지 등이 해당된다. 위치 정보는 IP주소·GPS 등에 의한 개인 위치 정보를 들 수 있다.

또한 개인정보의 민감성에 따라 1등급에서 3등급까지의 등급별로 구분하기도 한다. 먼저 1등급 민감정보는 개인 식별이 가능한 개인정보와 법령에서 엄격한 처리를 요구하는 개인정보로서 정보 주체에게 경제적, 사회적 손실을 끼치고, 사생활을 현저하게 침해하는 정보, 범죄 직접 악용되거나 유출되면 법적 책임을 지고, 대외 신인도가 크게 저하되는 정보 등이 해당한다.

다음에 2등급 민감정보는 다른 정보와의 조합으로 개인을 뚜렷이 식별하는 개인정보로서, 정보 주체의 신분과 신상을 확인하거나 또는 추정할 수 있는 정보와 폭넓은 분야에서 불법으로 이용하거나 유출되면 법적 책임을 지고, 대외 신인도가 크게 저하되는 정보 등이 해당한다.

그리고 3등급 민감정보는 개인 식별 정보와 조합되면 부가적인 정보를 제공하는 간접적인 개인정보로서 정보 주체의 활동 성향을 추정할 수 있거나 제한적 범위에서 불법으로 이용할 수 있는 정보가 해당한다.

## 2. 개인정보의 수집과 침해

### 1) 개인정보의 수집과 이용

개인정보의 수집과 이용은 엄격한 조건에서 허용된다. 인터넷 서비스 제공 업체 등은 이름·생년월일·휴대전화 번호 등의 인적사항과 이메일 주소·금융정보·쿠키·접속 IP·결제 기록 등의 정보를 요구하는데, 반드시 약관에 명시하고, 정보 주체의 동의를 받고, 최소한의 정보만 수집하고, 수집된 정보는 안전하게 관리하고, 목적이 달성된 다음에는 폐기해야 한다. 인터넷 서비스 사업자는 「정보통신망 이용촉진 및 정보보호 등에 관한 법률」 제30조의 2에 의거하여, 매년 1회 이상 개인정보 이용내역의 통지 의무가 있다. 이에 따라 가입자가 광고성 정보 수신 거부 의사를 밝히더라도 개인정보 이용내역을 법률에 의거하여 발송한다.

### 2) 정부의 개인정보 수집 최소화 가이드라인

행정자치부와 한국인터넷진흥원은 2016년 11월 개인정보처리자의 불필요한 개인정보 수집 관행을 없애는 한편, 정보 주체에게 실질적 동의권을 보장하는 등 개인정보 수집·이용 환경을 개선하고자 '개인정보 수집 최소화 가이드라인'을 마련했다. 이 가이드라인이 제시하는 기본 원칙은 필요 최소한의 개인정보 수집·정보주체의 실질적 동의권 보장, 고유식별정보 및 민감정보 처리 제한 등 세 가지로 구성된다(행정자치부·한국인터넷진흥원, 2016.11).

### (1) 필요 최소한의 개인정보 수집

필요 최소한의 개인정보 수집 원칙은 정보주체의 동의를 받거나 법령에 따른 개인정보 수집 또는 계약의 체결·이행 등을 위해 불가피하게 개인정보를 수집하는 경우에도 필요 최소한의 개인정보만을 수집할 것을 의미한다. 이 경우 개인정보를 수집하고자 하는 목적에 필요한 범위 내에서 최소한의 개인정보를 수집하는 지의 입증책임은 개인정보처리자가 부담하도록 했는데. 구체적으로 이 원칙에 포함된 여덟 가지 조치사항은 다음과 같다(행정자치부·한국인터넷진흥원, 2016.11).

첫째, 법률에 특별한 규정이 있거나 법령상 의무를 준수하기 위하여 개인정보를 수집하는 경우에도 필요 최소한으로 수집해야 하는데, 법률에 특별한 규정이 있다는 것은 법률에서 개인정보의 수집·이용을 구체적으로 요구하거나 허용하고 있어야 하고, 법령상 의무준수를 위해 개인정보를 수집하는 경우에도 해당 개인정보를 수집하지 않고는 법령상 의무를 이행하는 것이 불가능하거나 현저하게 곤란한 경우에 한정된다.

둘째, 정보주체와 계약 체결·이행 등을 위해 개인정보를 수집하는 경우에도 필요 최소한으로 수집해야 하는데 계약자 정보, 이용 약관에 명시된 정보, 본인 확인·신용정보 확인 등에 필요한 정보에 국한하고, 채용 계약 시에는 채용 예정 직무와 관련이 있는 정보만 수집하고, 직접 관련이 없는 가족사항 등은 수집하지 않도록 했다.

셋째, 동일한 업무를 목적으로 유사한 성격의 개인정보 여러 개를 동시에 수집하지 않도록 했는데, 고객 연락처 확보를 위해서 휴대폰·집·직장 등의 전화번호·집과 직장의 주소·이메일 주소 등을 모두 수집하지 말아야 하며, 수집 목적을 고려하여 필요한 최소한의 연락처 정보만 수집해야 한다.

넷째, 개인정보는 계약체결 또는 회원가입 단계에서 미리 포괄적으로 수집하지 말아야 하며, 해당 정보가 필요한 시점에서 수집하도록 했는데, 웹 사이트 회원가입 시에 웹 사이트 내 특정 서비스 이용에만 필요한 개인정보는 해당 서비스 이용 시점에 수집하고, 쇼핑몰 홈페이지 회원가입 시 회원가입에 필요한 개인정보만 수집하고, 결제 배송에 필요한 정보는 추후 물품구매 시에 수집하도록 권장했다.

다섯째, 웹 사이트 접속시 웹 서버와 통신을 매개하기 위해 사용자 PC에 만들어지는 임시 파일인 쿠키(Cookie) 등 웹 사이트 이용과정에서 자동으로 생성되는 정보도 필요 최소한으로 수집해야 하는데, 쿠키 등을 통해 서비스 제공에 필요한 정보를 수집하는 경우 그 수집 목적, 항목 및 보유기간 등을 개인정보 처리방침에 따라 공개해야 하고, 홍보·마케팅 등 서비스 제공과 직접 관련이 없는 개인정보를 쿠키 등을 통해 수집하는 경우에는 수집목적, 항목 등을 알리고 정보 주체의 동의를 받은 후 수집해야 한다.

여섯째, 수집하고자 하는 개인정보가 업무수행에 꼭 필요한 정보인지는 해당 개인정보를 수집하는 개인정보 처리자가 입증하도록 하고, 수집한 정보도 불필요하게 된 경우 파기하는 등 지속적으로 관리하도록 했다.

일곱째, 법령에 근거가 있거나 정보주체의 동의를 받은 경우 등에 개인정보를 제3자에게 제공할 수 있으나, 이 때에도 꼭 필요한 범위 내에서만 개인정보를 제공해야 하고, 제공받는 자를 명확히 알 수 있도록 안내하고, 특히 개인정보를 제공받는 자, 제공받는 자의 이용 목적, 제공하는 개인정보 항목 등 중요한 사항은 부호·색채 및 굵고 큰 글자 등으로 명확히 표시하여 알아보기 쉽도록 하여 제공받는 자의 이용목적 등과 관련 없이 지나치게 많은 개인정보를 제공하지 않도록 주의하도록 했다.

여덟째, 적법하게 수집한 개인정보는 계약기간 종료 등 이용 목적을 달성하거나 정보주체가 파기를 요청한 경우 지체 없이 파기해야 하는데 다만, 법령에 따라 보존할 경우 전자상거래법은 표시·광고 관련 기록은 6개월, 소비자 불만·분쟁처리 기록은 3년, 계약·청약철회 등에 관한 기록은 5년, 대금결제 등에 관한 기록은 5년간 보존하는 등 적용되는 해당 법령을 준수하도록 했다.

(2) 정보주체의 실질적 동의권 보장

정보주체의 실질적 동의권 보장 원칙으로 개인정보 처리자가 정보주체의 동의를 받아 개인정보를 수집하는 때에는 정보주체에게 동의의 내용과 동의를 거부할 권리가 있다는 사실 및 동의 거부에 따른 불이익이 있는 경우 그 불이익의 내용을 구체적으로 알리고 동의를 받아야 하는데, 정보주체의 동의 여부는 정보주체가 직접 판단하여 선택하는 것을 전제로 하여야 하며, 선택적으로 동의할 수 있는 사항을 동의하지 아니한다는 이유로 재화 또는 서비스의 제공을 거부해서는 안 되도록 했는데, 구체적으로 이 원칙에 포함된 네 가지 조치사항은 다음과 같다(행정자치부·한국인터넷진흥원, 2016.11).

첫째, 법령에 근거가 있거나 계약 체결·이행을 위해 불가피한 경우에는 동의 없이 개인정보를 수집할 수 있지만, 업계에서 관행적으로 많이 활용하는 '필수정보 동의 방식' 또는 '고지 방식'을 사용하여 정보주체에게 개인정보 수집 근거와 수집 목적·항목 등을 안내해야 한다.

둘째, 개인정보 수집·이용 동의가 필요한 경우 정보주체에게 개인정보 수집 항목과 목적 등을 구체적으로 고지한 후 동의를 받아야 하는데 개인정보 수집·이용 동의서에는 수집하고자 하는 개인정보의 항목,

목적, 보유·이용기간, 동의를 거부할 권리가 있다는 사실 및 동의 거부 시 불이익이 있는 경우 그 불이익의 내용을 명시해야 하고, 개인정보 수집 항목 등은 구체적으로 명시하여야 하며, 포괄적으로 안내하는 것을 지양하고, 동의 거부 시 불이익의 내용을 구체적이고 명확하게 알려서 정보주체의 동의 선택권이 침해되지 않도록 해야 한다.

셋째, 개인정보의 수집·이용에 관한 동의를 받을 때에는 정보주체에게 동의 여부에 대한 실질적인 선택권을 보장해야 하는데, 예를 들어, 정보주체가 동의여부를 선택할 수 있는 경우에는 선택 사항임을 명시하고, 동의 거부를 이유로 다른 서비스 이용을 제한하거나 온라인에서 다음 화면으로 넘어가지 못하게 해서는 안 되고, 온라인에서 개인정보 수집 동의서를 작성하는 경우 "동의함" 체크 박스가 기본 값으로 설정되어 있지 않도록 한다.

넷째, 상품 및 서비스 홍보와 마케팅 목적으로 개인정보를 수집하는 경우에는 그 목적을 명확히 알 수 있도록 고지해야 하고, '홍보 및 마케팅'을 목적으로 개인정보를 수집하면서, '부가서비스 제공', '제휴서비스 제공' 등으로 목적을 기재하여서는 안 되는데, 상품 홍보·마케팅 목적으로 수집하는 개인정보는 다른 목적으로 수집하는 정보와 명확하게 구분하여 동의를 받고 수집하도록 했다.

### (3) 고유식별정보 및 민감정보 처리 제한

고유식별정보 및 민감정보 처리 제한 원칙으로 주민등록번호를 제외한 고유식별정보 및 민감정보는 법령에 근거가 있거나 별도로 동의를 받은 경우에만 수집할 수 있고, 특히 주민등록번호는 법률·시행령·헌법기관 규칙에서 허용한 경우만 처리 가능하도록 했고, 주민등록번호 대체수단도 법령에서 본인확인을 요구하거나 서비스 과정에서 본인 특정이 필요한 경우 등에 한정하여 사용하도록 했는데, 구체적으로 이 원칙에 포함된 세 가지 조치사항은 다음과 같다(행정자치부·한국인터넷진흥원, 2016.11).

첫째, 고유식별정보(주민등록번호 제외)나 민감정보는 법령에서 요구하거나 허용한 경우에 한하여 수집하고, 업무수행에 필요한 경우 다른 개인정보는 별도 동의를 받아 수집할 수 있는데, 법령상 근거 없이 개인정보처리자의 주관적 필요에 따라 수집하는 것을 지양하고, 업무상 필요에 따라 별도 동의를 받아 수집하는 경우에도 그 수집 목적을 명확히 해야 하고, 향후 수집 가능성이 있다는 이유로 고유식별정보나 민감정보의 수집·이용 동의를 받지 말아야 한다.

둘째, 주민등록번호 수집 법정주의(「개인정보보호법」제24조의 2)에 따라 주민등록번호는 법령에 근거가 있는 경우에 한하여 수집할 수 있으며, 동의를 받아도 수집할 수 없지만 법률·대통령령·국회규칙·대법원규칙·헌법재판소규칙·중앙선거관리위원회규칙 및 감사원규칙에서 구체적으로 주민등록번호의 처리를 요구하거나 허용한 경우에 수집할 수 있고, 수집 목적 및 근거법령 등을 개인정보처리방침 등을 통해 안내하도록 하고, 가급적 본인확인을 위해서는 공인인증서·휴대폰 인증·아이핀 등의 주민번호 대체수단의 사용을 권장했다.

셋째, 주민번호 대체수단도 법령에서 본인확인을 요구하거나 서비스 제공 과정에서 본인 특정이 필요한 경우 등에 한정하여 사용할 것을 권장했는데, 본인확인이 필요한 경우는 ㉠ 법령에서 본인확인, 연령확인, 복지서비스 대상 여부 확인 등의 의무를 부여하여 해당 의무 이행을 위해 필요한 경우, ㉡ 본인에게만 제공하는 서비스 등 계약 내용에 따라 본인 특정이 불가피한 경우, ㉢ 기타 본인특정을 하지 않으면 제3자의 이익을 현저히 침해할 우려가 있는 경우 등이 해당한다.

### 3) 개인정보 보호 원칙

개인정보의 수집·이용·제공·저장·파기 등에 적용할 기준의 설정과 관련한 내용을 담고 있는 OECD의 프라이버시 보호 및 국가 간 개인정보 유통에 관한 가이드라인(OECD 프라이버시 8원칙)의 핵심 사항은 우리나라의 개인정보보호법에 반영됐다.

OECD 프라이버시 가이드라인 여덟 가지 원칙은 다음과 같다(privacyblog.naver.com/80205872326).

첫째, 수집 제한의 원칙(Collection Limitation Principle)이다. 개인정보의 수집에 제한을 두고, 적법하고 공정한 수단에 의해 수집하되, 정당한 경우에는 정보주체에 알리거나 동의를 얻은 다음 수집한다.

둘째, 품질 보장의 원칙(Data Quality Principle)이다. 개인정보는 사용 목적과 범위가 부합돼야 하는데, 정확하고 완전하게 최신의 것으로 유지해야 한다. 정보 정확성 원칙 또는 데이터 품질 원칙으로 번역되기도 한다.

셋째, 목적 명확화의 원칙(Purpose Specification Principle)이다. 개인정보를 수집할 때에는 목적이 명확하고, 최초의 이용 목적과 일치해야 한다.

넷째, 이용 제한의 원칙(Use Limitation Principle)이다. 개인정보는 정보주체의 동의와 법률의 규정에 의한 경우를 제외하고는 명시된 목적 이외의 용도로 공개, 이용돼서는 안 된다.

다섯째, 안전 보호의 원칙(Security Safeguards Principle)이다. 기업이 수집, 보존하고 있는 개인정보를 분실, 불법적인 접근, 파괴, 정보수정 및 공개와 같은 위험에 대비하여 합리적인 안전 보호장치를 마련하고, 사고를 예방해야 한다.

여섯째, 공개의 원칙(Openness Principle)이다. 개인정보에 관한 개발,

운용과 정책에서 일반 공개 원칙을 적용해야 하고, 개인정보의 존재, 성격, 주요 사용목적 및 정보관리자의 신원·통상의 주소를 확인에서 공개 방식을 사용해야 한다.

**일곱째,** 개인 참여의 원칙(Individual Participation Principle)이다. 개인정보를 제공한 개인은 자신과 관련된 정보의 존재 확인, 열람 요구, 이의 제기 및 정정·삭제·보완 청구를 요구할 권리를 가진다.

**여덟째, 책임의 원칙(Accountability Principle)**이다. 개인정보를 관리하는 자는 앞서 제시한 원칙을 준수하기 위한 제반조치를 취하고 이행할 책임이 있다.

## 3. 개인정보보호 방안

### 1) 개인정보보호법

우리나라의 「개인정보보호법」은 제1조(목적)에서 개인의 자유와 권리를 보호하고, 나아가 개인의 존엄과 가치를 구현함을 명시한다. 또한 제5조(국가 등의 책무)에서 국가와 지방자치단체는 개인정보의 목적 외 수집, 오용·남용 및 무분별한 감시·추적 등에 따른 폐해를 방지하여 인간의 존엄과 개인의 사생활 보호를 도모하기 위한 시책을 강구하고, 정보주체인 개인의 권리를 보호하기 위하여 법령의 개선 등 필요한 시책을 마련하고, 불합리한 사회적 관행을 개선하기 위하여 개인정보처리자의 자율적인 개인정보 보호활동을 존중하고 촉진·지원하고, 법령 또는 조례를 제정하거나 개정하는 경우에는 이 법의 목적에 부합되도록 할 것을 요구한다. 이 법의 내용 중에서 중요 조항들은 다음과 같다(www.privacy.go.kr).

첫째, 보호의무 적용 대상의 확대로 기존에 분야별 개별법에 따라 시행되던 개인정보 보호 의무 적용 대상을 공공, 민간 부문의 모든 개인정보처리자로 확대 적용했다.

둘째, 보호 범위의 확대로 컴퓨터 등에 의해 처리되는 정보 외에 동사무소 민원신청서류 등 종이문서에 기록된 개인정보도 보호대상에 포함했다.

셋째, 보호의무 적용대상의 확대로 주민번호 등 고유 식별정보는 원칙적으로 처리를 금지하는 내용으로 사전 규제제도를 신설했다. 이 조항을 위반할 경우 5년 이하의 징역 또는 5천만 원 이하의 벌금을 그리고 주민번호를 사용하지 않고, 회원가입 방법을 제공할 것을 의무화했고, 암호화 등의 안전조치 등을 위반할 경우 3천만 원 이하의 과태료를 부과하도록 했다.

넷째, 영상정보 처리기기 규제로 공개된 장소에 설치·운영하는 영상정보처리기기 규제를 민간까지 확대했는데, 설치목적을 벗어난 카메라의 임의조작이나 다른 곳을 비추는 행위와 녹음 등을 금지했고, 위반할 경우 3년 이하의 징역 또는 3천만 원 이하의 벌금을 부과한다.

다섯째, 개인정보 수집·이용을 위한 제공기준에서 공공과 민간이 통일된 처리 원칙과 기준을 적용하도록 했고, 개인정보의 수집·이용을 쉽게 하지 못하도록 가능한 요건을 확대해 보호 활동을 강화했는데, 위반 시 5년 이하의 징역 또는 5천만 원의 이하 벌금을 부과할 수 있다.

여섯째, 개인정보 유출 통지 및 신고제를 도입하여 정보주체에게 유출 사실을 통지하고, 대규모 유출 시에는 행정안전부 또는 전문기관에 신고하도록 했는데, 위반 시 3천만 원 이하의 과태료를 부과한다.

## 2) 제도적 개인정보보호 방안

### (1) 한국인터넷진흥원의 정보보호 활동

개인정보보호 사업은 한국인터넷진흥원의 주요 사업으로 공공, 일반 분야 개인정보보호와 정보통신 분야 개인정보보호 등 두 분야로 나뉘어 수행된다.

먼저 공공, 일반 분야의 개인정보보호 사업의 목적은 공공·비영리기관, 일반기업 등을 대상으로 개인정보보호법 관련 개인정보 침해방지 및 실태점검 강화, 개인정보보호 기술지원, 법·제도 개선 및 분쟁조정 운영, 정부3.0 추진을 위한 개인정보보호 기준 마련 및 보급, 개인정보 교육·홍보 및 자율규제 지원 등을 통한 안전한 개인정보보호 환경 조성 등을 표방하는데, 「개인정보보호법」 제13조(자율규제의 촉진 및 지원) 등에 법적 근거를 두고 다음의 사업을 추진한다(www.kisa.or.kr).

① 개인정보 관련 법/제도·정책·교육·기술지원·민원창구 등을 안내하는 개인정보보호 종합포털을 운영한다.

② 주민등록번호 처리 근거법령·자치법규 일제정비 등 개인정보보호법 관련 법제도를 개선 및 정책을 추진한다.

③ 정부3.0 추진을 위한 개인정보보호 기준, 공공기관 개인정보 수집 및 이용 가이드라인을 마련하고 보급한다.

④ 공공기관 개인정보 관리실태 점검, 개인정보 유출신고 접수 및 피해확산 방지를 위한 기술을 지원한다.

⑤ 개인정보 침해 위험요인 분석 및 개선사항 도출을 위한 개인정보 영향평가제를 운영한다.

⑥ 개인정보 노출 조기경보시스템 운영을 통한 공공부문 등 홈페이지 대상 개인정보 노출 검색, 영세사업자 개인정보 노출삭제 기술지원 및 교육과 홍보를 담당한다.

☐ **개인정보보호 열 가지 원칙**

1. 무분별한 개인정보 수집자제
2. 개인정보 수집 시 서비스 제공에 꼭 필요한 필수정보와 선택정보 구분
3. 주민등록번호 등 고유식별정보와 종교, 건강정보 등 민감정보는 원칙적 처리금지
4. 홍보·판매 목적으로 개인정보 위탁 시 고객에게 고지하고 철저히 관리
5. 개인정보파일은 DB보안프로그램, 암호화소프트웨어 등 안전한 방법을 사용하여 보관
6. 보관이 필요한 증빙서류는 법령에서 정한 보유기간 숙지하여 준수
7. 개인정보파일을 수집 당시 사용목적에 따라 이용한 후에는 알아 볼 수 없도록 파기
8. CCTV에는 반드시 안내판 설치
9. 개인정보보호에 관한 지침·문서 등을 반드시 구비
10. 개인정보유출통지, 집단분쟁조정, 단체소송에 대비

자료: 개인정보 종합 포털(www.privacy.go.kr)

⑦ 개인정보에 관한 분쟁을 조정하기 위한 개인정보 분쟁조정위원회를 운영한다.

⑧ 개인정보 침해 관련 민원·사건 접수, 개인정보 유출통지 절차·신고 안내, 기업·공공기관 자문, 정책홍보 등의 서비스를 제공하는 개인정보 침해신고센터를 운영한다.

⑨ 정보주체의 주민등록번호 이용내역 확인, 이용 웹 사이트의 회원 탈퇴 신청 및 처리 등의 서비스를 제공하는 주민등록번호 클린센터를 운영한다.

⑩ 개인정보의 안전성 확보조치 기준 개정 등 개인정보보호 기술지원센터를 운영한다.

⑪ 개인정보보호 진단지표에 따른 관리수준 진단을 통해 공공기관의 개인정보보호수준을 제고한다.

⑫ 정보주체 개인정보보호 교육 확산 및 민간·공공분야 개인정보보호 역량을 강화한다.

⑬ EU 적정성 평가제도 등 글로벌 개인정보보호 인증 가입 등 개인정보의 안전한 국외이전 환경을 조성·추진한다.

⑭ 개인정보를 취급하는 기관·기업 대상 개인정보보호 인증제 운영을 통해 사전 정보보호 활동을 강화한다.

다음에, 정보통신 분야의 개인정보보호 사업의 목적은 정보통신서비스제공자에 대한 개인정보보호 관련 정책 및 제도 개선, 개인정보보호 모니터링 및 실태점검, 개인정보보호 자율규제 지원, 개인정보보호 인식제고, 국제협력 등을 통한 개인정보보호 기반 강화 등이고, 개인정보의 수집, 이용 동의 등을 다룬 정통망법 제22조 등에 법적 근거를 두고 추진하는 데 주요 사업내용은 다음과 같다.

① 신규 ICT 서비스 관련 개인정보보호 정책연구 및 동향을 분석한다.
② 신규 ICT 환경에서의 개인정보보호 및 활용 이슈를 고려한 법제정비, 가이드라인을 마련한다.
③ 주민번호 대체수단 보급을 통한 주민번호 사용 최소화 환경을 조성한다.
④ 기업 스스로 체계적이고 지속적인 개인정보보호활동을 위한 관리체계(PIMS) 인증제도를 운영한다.
⑤ 정보통신서비스제공자 및 일반 이용자 대상 개인정보보호 교육 및 홍보, 개인정보누출 신고·접수·처리 등을 위한 개인정보보호 포털을 운영한다.
⑥ 개인정보보호 관련 정부 정책 안내 및 개인정보 관리책임자 및 취급자의 역량 강화를 위한 개인정보보호 정책 토론회·워크숍 등을 개최한다.

⑦ 정보통신서비스제공자 대상 개인정보보호 관리실태 및 누출신고 현장을 점검한다.
⑧ 국내·외 인터넷상의 개인정보 노출 및 불법유통 게시물 검색·삭제, 한중인터넷협력센터 운영, 웹 사이트 개인정보 법규준수 모니터링 및 개선사항을 안내한다.
⑨ 주민번호 수집·이용 금지 정책 지원·주민번호 불법 수집 모니터링 및 대국민 신고를 접수, 처리한다.
⑩ 국외 개인정보보호 감독기관 간 협력 강화, 아시아 태평양 경제협력체(APEC)의 CBPRs(Cross Border Privacy Rules, 국경 간 프라이버시 규칙 협약) 가입 등 개인정보보호 국제협력을 강화한다(www.kisa.or.kr).

(2) 개인정보의 비식별 조치

한국인터넷진흥원은 개인정보보호를 위해 빅데이터 분석 등을 위해 정보를 처리하려는 사업자 등이 '개인정보 비식별 조치 가이드라인'을 준수하도록 하고 있는데, 비식별은 개인을 알아볼 수 없도록 함으로써 개인정보를 수집, 이용하는 과정에서 보호 효과를 거두기 위한 방안이다. 구체적으로 사전 검토·비식별 조치·적정성 평가·사후 관리 등의 4단계를 거치도록 하는데 단계별 조치 내용을 살펴본다.

① 사전 검토

사전 검토는 개인정보에 해당하는지 여부를 검토 후, 개인정보가 아닌 것이 명백한 경우 법적 규제 없이 자유롭게 활용할 수 있다.

② 비식별 조치

정보 집합물인 데이터 셋(data set)에서 개인을 식별할 수 있는 요소를 전부 또는 일부 삭제하거나 대체하는 등의 방법을 활용하여 개인을 알아볼 수 없도록 하는 조치로서 비식별 조치기법을 적용한다. 구체적으로 개인정보 종합 포털(www.privacy.go.kr)에서 제시하는 2단계 비식별 조치 기법의 적용 사례는 다음과 같다.

먼저 누군지 알 수 있는 개인정보 자료인 식별자의 조치 기준은 정보 집합물에서 원칙적으로 삭제 조치하지만 데이터 이용 목적상 반드시 필요한 식별자는 비식별 조치 후 활용할 수 있다.

다음에 개인의 속성을 보여주는 정보인 속성자의 조치 기준은 정보 집합물에 포함된 속성자도 데이터 이용 목적과 관련이 없는 경우에는 원칙적으로 삭제하는데, 희귀병명, 희귀경력 등의 속성자는 구체적인 상황에 따라 개인 식별 가능성이 매우 높으므로 엄격한 비식별 조치가 필요하다.

또한 비식별 조치 방법은 가명처리, 총계처리, 데이터 삭제, 데이터 범주화, 데이터 마스킹 등 여러 가지 기법을 단독 또는 복합적으로 활용하되, 각각의 기법에는 이를 구현할 수 있는 다양한 세부기술이 있으며, 데이터 이용 목적과 기법별 장·단점 등을 고려하여 적절한 기법·세부기술을 선택, 활용해야 한다.

③ 적정성 평가

적정성 평가는 다른 정보와 쉽게 결합하여 개인을 식별할 수 있는지를 「비식별 조치 적정성 평가단」을 통해 평가한다. 구체적으로 개인정보 종합 포털(www.privacy.go.kr)에서 제시하는 3단계 적정성 평가 단계에서 k-익명성 모델을 활용한 적정성 평가 절차는 다음과 같다.

첫째, 기초자료 작성으로 개인정보 처리자는 적정성 평가에 필요한 데이터 명세, 비식별 조치현황, 이용기관의 관리 수준 등 기초자료를 작성한다.

둘째, 평가단 구성으로 개인정보보호책임자가 3명 이상으로 평가단을 구성하되 외부전문가를 과반수 이상 포함한다.

셋째, 평가수행으로 평가단은 개인정보 처리자가 작성한 기초자료와 k-익명성 모델을 활용하여 비식별 조치 수준의 적정성을 평가한다.

넷째, 추가 비식별 조치로 개인정보 처리자는 평가결과가 '부적정'인 경우, 평가단의 의견을 반영하여 추가적인 비식별 조치를 수행한다.

다섯째, 데이터 활용으로 비식별 조치가 적정하다고 평가받은 경우에는 빅데이터 분석 등에 이용 또는 제공이 허용된다.

④ 사후관리

사후관리는 비식별 정보 안전조치, 재식별 가능성 모니터링 등 비식별 정보 활용 과정에서 재식별 방지를 위해 필요한 조치를 수행한다. 구체적으로 개인정보 종합 포털(www.privacy.go.kr)에서 제시하는 4단계 사후관리 단계의 주요 내용은 다음과 같다.

첫째, 비식별 정보 안전 조치로 비식별 조치된 정보 유출로 다른 정보와 결합하여 식별될 우려가 있으므로 관리적, 기술적 측면에서 필수적인 보호조치를 이행하고, 비식별 정보 유출 원인 분석 및 추가 유출 방지를 위한 관리적, 기술적 보호조치를 취하고, 유출된 비식별 정보를 회수, 파기한다.

둘째, 재식별 가능성 모니터링으로 비식별 정보를 이용하거나 제3자에게 제공하려는 사업자 등은 해당 정보의 재식별 가능성을 정기적으로 모니터링 해야 하고, 모니터링 결과 검토 후 추가적인 비식별 조치를 강구하고, 비식별 정보를 제공·위탁한 자가 재식별 가능성을 발견한 경우에는 즉시 그 정보를 처리하고 있는 자에게 이 내용을 통지하고 처리 중단을 요구하고, 해당 정보를 회수·파기하는 등 필요한 조치를 진행한다.

셋째, 비식별 정보 제공 및 위탁계약 시 준수사항으로 비식별된 정보를 제3의 기관에 제공하거나, 처리 위탁하는 경우 재식별 위험관리에 관한 내용을 계약서에 포함하는데, 예를 들면 재식별 금지, 재제공 또는 재위탁 제한, 재식별 위험 시 통지와 관련된 내용이다.

넷째, 재식별 시 조치요령으로 비식별 정보가 재식별된 경우, 신속하게 그 정보의 처리를 중단하고 해당 개인정보의 유출 방지 조치를 실시하고, 재식별된 정보는 즉시 파기 조치하고, 해당 정보를 다시 활용하려면 비식별 조치절차를 다시 거쳐야 한다.

### (3) e프라이버시 클린서비스

행정안전부와 한국인터넷진흥원은 개인정보를 보호하고 명의도용, 사생활침해 등의 피해를 예방하기 위해 2010년부터 'e프라이버시 클린서비스'를 운영하고, 인터넷에서 회원가입 등을 위해 실시된 본인확인 내역을 조회하고, 명의도용이 의심되거나 회원탈퇴에 어려움이 있는 웹 사이트, 또는 더 이상 이용을 원치 않는 웹 사이트에 대한 회원탈퇴를 지원한다(www.eprivacy.go.kr).

본인확인 내역 조회는 인터넷을 이용하면서 회원가입, 실명확인, 연령확인(성인인증) 등을 위해 실시된 주민등록번호, 또는 아이핀, 휴대폰 등의 주민등록번호 대체수단을 통한 '본인확인(인증)' 내역 정보를 통합 조회하는 기능으로 '본인확인'은 인터넷에서 법령상 의무이행(연령·본인·실명 확인)이나 서비스 이용 등을 위해 특정인을 식별·인증하므로 본인확인(인증) 내역을 수시로 확인함으로써 명의도용 등으로 인한 피해를 예방할 수 있다.

e프라이버시 클린서비스는 '본인확인 내역'의 요구는 개인정보보호 법령에 따른 정보주체의 정당한 권리라는 점에서 정보주체가 개인정보처리자(본인확인 기관 등)에게 본인확인(인증) 내역을 요구하고 그 내역을 즉시 확인할 수 있는 플랫폼을 제공함으로써 정보주체의 적극적

인 권리 행사를 지원한다(www.eprivacy.go.kr).

### (4) 개인정보의 '잊혀질 권리'

개인정보가 인터넷상에서 검색되어 피해를 입을 경우, 인터넷 검색업체는 피해자의 요구를 받아 해당 정보를 삭제해야 한다는 '잊혀질 권리'(the right to be forgotten)에 대한 논란이 제기되었고, 유럽연합과 우리나라는 이러한 요구를 법적으로 수용했다.

논란의 출발은 2010년 스페인의 변호사가 포털기업 구글과 신문사를 상대로 하여 자신의 이름이 언급된 1998년의 신문기사에서 경제적으로 어려워 연금을 체납하고, 주택이 경매된다는 내용을 다루고 있었는데, 이미 해결된 상황으로 자신의 이미지가 훼손된다고 주장했고, 스페인 개인정보보호원(Spanish Data Protection Agency)에 해당 기사와 검색결과 제시의 삭제를 요구한 결과, 기사 삭제는 불가하지만 구글의 검색결과 링크 중단 결정을 내렸고, 구글이 불복하여 유럽사법재판소(ECJ, European Court of Justice)가 심의했다. 2012년 유럽 연합(EU)은 '일반정보보호규정(GDPR, General Data Protection Regulation)'을 통해 인터넷에 검색되는 자신의 정보 삭제를 요구할 수 있는 '잊혀질 권리'를 법제화한데 따라서 2014년 구글의 웹페이지 링크 삭제를 판결했다.

우리나라는 「정보통신망 이용촉진 및 정보보호에 관한 법률」 제44조 2항(정보의 삭제요청 등)에서 잊혀질 권리를 보장하는데 개인이 자신의 정보 삭제를 요청하면 검색서비스 사업자는 해당 정보에 대한 삭제 혹은 접근을 일시적으로 차단하는 임시조치를 취하도록 했다. 그러나 30일 동안 관련 게시 글 차단이 표현의 자유와 알 권리에 어긋난다는 반론도 있다.

□ 정보통신망 이용촉진 및 정보보호 등에 관한 법률

제44조의 2 (정보의 삭제요청 등)
①정보통신망을 통하여 일반에게 공개를 목적으로 제공된 정보로 사생활 침해나 명예훼손 등 타인의 권리가 침해된 경우 그 침해를 받은 자는 해당 정보를 처리한 정보통신서비스 제공자에게 침해사실을 소명하여 그 정보의 삭제 또는 반박내용의 게재(이하 "삭제등"이라 한다)를 요청할 수 있다. [개정 2016.3.22] [시행일 2016.9.23]
②정보통신서비스 제공자는 제1항에 따른 해당 정보의 삭제등을 요청받으면 지체 없이 삭제·임시조치 등의 필요한 조치를 하고 즉시 신청인 및 정보게재자에게 알려야 한다. 이 경우 정보통신서비스 제공자는 필요한 조치를 한 사실을 해당 게시판에 공시하는 등의 방법으로 이용자가 알 수 있도록 하여야 한다.
③정보통신서비스 제공자는 자신이 운영·관리하는 정보통신망에 제42조에 따른 표시방법을 지키지 아니하는 청소년유해매체물이 게재되어 있거나 제42조의 2에 따른 청소년 접근을 제한하는 조치 없이 청소년유해매체물을 광고하는 내용이 전시되어 있는 경우에는 지체 없이 그 내용을 삭제하여야 한다.
④정보통신서비스 제공자는 제1항에 따른 정보의 삭제요청에도 불구하고 권리의 침해 여부를 판단하기 어렵거나 이해당사자 간에 다툼이 예상되는 경우에는 해당 정보에 대한 접근을 임시적으로 차단하는 조치(이하 "임시조치"라 한다)를 할 수 있다. 이 경우 임시조치의 기간은 30일 이내로 한다.

## 3) 사업자의 개인정보보호 방안

(1) 사업자의 필수 조치 사항

사업자가 개인정보보호를 위해 숙지해야 할 사항을 소개하면 다음과 같다(www.privacy.go.kr).

첫째, 개인정보는 필수정보만 최소한으로 수집하고, 추가적인 정보를 수집할 때는 반드시 동의를 받아야 한다. 둘째, 주민등록번호와 건강정보 등 민감정보 수집과 사용은 법령의 근거가 있는 경우가 아니면 금지된다. 셋째, 수집한 목적과 다르게 사용하거나 제3자 제공은 금지된다. 넷째, 개인정보를 처리할 경우 개인정보 위탁사실을 포함한 처리방침을 홈페이지나 사업장에 공개한다. 다섯째, 내부관리계획, 방화벽·백신·접근통제 등 안전성 확보 조치가 필요한데, 개인정보가 해킹 등으로 유출되지 않도록 보호조치를 철저히 이행한다. 여섯째, 개인정보를 수집한 목적이 달성된 후(서비스 기간 경과 등), 즉 이용이 끝난 후에는 반드시 파기한다. 일곱째, 개인정보가 유출된 것을 인지하면 5일 이내에 서면·전화·이메일 등의 방법으로 즉시 정보주체에게 통보한다. 여덟째, CCTV를 운영할 경우 안내판을 설치하고, 설치목적, 장소, 촬영범위, 담당자 등을 안내하고, 운영방침을 수립하여 공개한다.

(2) 소상공인의 개인정보보호조치 가이드

개인정보 종합 포털(www.privacy.go.kr)은 소상공인이 개인정보처리를 위해 업무용 PC 및 웹에서 사용하는 고객관리 프로그램을 구현·제공하는 개발업체, 프랜차이즈 본사 등이 조치해야 할 기술적 사항과 관리적 사항을 다음과 같이 안내한다.

먼저 기술적 보호조치와 관련해 첫째, 접근권한 관리를 통해 업무목적에 따라 개인정보처리시스템에 대한 접근을 최소화하고, 인가되지 않은 담당자의 접근을 차단하고, 둘째, 비밀번호 관리를 통해 소상공인이 프로그램을 이용할 때 고객정보가 위험에 노출되지 않도록 하고, 셋째, 접근통제 시스템 설치, 운영으로 네트워크를 통한 개인정보처리시스템의 불법적인 접근 및 침해사고 방지를 위해 비인가자의 접근을 차단하고, 넷째, 암호화 기능을 사용하여 개인정보 취급자의 실수 또는 해커의 공격 등으로 인해 개인정보가 비인가자에게 유·노출되더라도 주요내용을 확인할 수 없도록 하고, 다섯째, 접속기록 보관·관리로 개인정보처리시스템에 대한 불법적인 접근 또는 행동을 확인할 수 있도록 개인정보 취급자 등이 개인정보처리시스템에 접속하여 수행한 업무내역을 활용할 수 있다(www.privacy.go.kr).

다음에 관리적 보호조치와 관련해 첫째, 보안프로그램(백신 소프트웨어 등) 설치, 운영으로 악성프로그램 등을 통한 고객정보의 손상·유출을 방지하고, 둘째, 수집·이용 동의 획득으로 고객관리 프로그램 구축시 홈페이지를 이용하여 회원가입 등 개인정보 수집 화면이 필요하다면 동의 받는 기능을 함께 제공하고, 셋째, 개인정보 처리 방침 작성, 공개로 웹서비스를 제공하는 경우 개인정보처리방침이 홈페이지에 공개될 수 있도록 조치하고, 넷째, 파기 기능은 고객관리 프로그램 제공업체가 고객관리 프로그램에서 업무수행을 위해 설정한 보유기간을 관리하여 기간이 만료된 개인정보를 확인·삭제하고, 다섯째, 프로그램 유지보수로 서비스 유지보수 또는 장애처리 등을 위해 소상공인이 이용하는 PC를 임의로 고객관리 프로그램 제공업체로 이동시키거나 승인 없이 원격으로 접속하면 안 된다는 점을 강조한다(www.privacy.go.kr).

### (3) 자율적인 개인정보보호 조치

개인정보보호 자율규제단체와 회원사는 행정안전부와 협조하며 2017년 10월의 개인정보보호법 개정 사항을 반영하고, 회원사에 대한 현장상담에서 지적된 개인정보 암호화 등 취약 부분을 보완, 개선하는 자율적인 개인정보보호 조치를 통해 보호 활동의 품질을 제고하고, 개인정보 처리 기업의 투명성·책임성·주체성을 강화했다.

구체적으로 회사가 공개한 개인정보 처리 방침의 문제점을 개선하기 위해 고객의 요구와 의견을 반영하여 투명성과 신뢰성을 높이고, 개인정보 암호화와 관련하여 사용자가 입력한 암호화 항목의 전송 구간 누락 여부와 저장된 항목의 암호화 여부, 암호 알고리즘의 안전성 등을 점검하고, 개인정보 수집·이용 동의서의 중요한 내용에 대해 큰 글씨를 굵게 표시하여 명확성과 독이성을 높이는 방안을 보완했다.

### 4) 개인정보보호 전망

향후 개인정보보호 제도와 관련해 2017년 12월 현재 입법이 추진 중인 「개인영상정보의 보호 등에 관한 법률(안)」을 중심으로 살펴보겠다. 영상을 통한 개인정보의 확산에 따라 새로운 과제로 개인영상정보 보호의 필요성이 커진데 따라서 「개인영상정보 보호법 제정법률(안)」입법 공청회(2016.12.21.)에서 논의된 내용을 통해 향후 개인정보의 보호 범위가 더욱 확대되고, 세밀해질 것이 예상된다.

행정자치부 개인정보보호협력과의 입법 자료에 따르면, 먼저 개인영상정보 보호법(안)의 제정 이유는 모든 영상정보처리기기가 국민의 일거수일투족을 촬영·저장하여 유통·확산의 매개 수단이 되므로 이로 인해 개인의 사생활과 명예 등이 훼손될 수 있으므로 개인의 권리와 이익을 보장하기 위한 것이다. 이 법이 필요한 것은 기술적으로 영상 기술의 첨단화·범용화가 이루어졌고, 개인 영상을 담은 콘텐츠가 인터넷과 소셜미디어를 통해 쉽고, 빠르게 확산되는 반면에 이로 인한 피해를 예방하고, 회복하기 어려운데 따른 것이다. 따라서 정부는 국가 사회 전반을 규율하는 개인영상정보 보호 원칙과 기준을 마련하여 개인영상정보의 오용·남용 및 사생활 침해 등에 대한 국민의 증가된 우려를 해소하기 위해 개인영상정보 보호 원칙을 마련하고, 영상 처리 단계별 처벌 기준 등을 규정하고, 개인영상정보의 유포로 인한 피해 구제 제도를 강화하는 내용을 담고 있다.

입법에 담길 주요 내용은 먼저 개인영상정보 보호의 범위(안 제2조)에서 개인영상정보 처리자를 대상으로 하고, 영상정보 처리 기술의 발전을 고려하여 고정형 및 이동형(착용형·휴대형·부착형 등) 등 모든 형태의 영상정보처리기기를 규율하여 기존의 입법 미비로 인한 법률 사각지대의 해소를 기대한다.

다음에 영상정보처리기기의 설치·운영에 대한 기준 마련(안 제6조~제9조)과 관련해서 모든 영상정보처리기기는 고정형과 이동형을 포함하여 법령에서 구체적으로 허용한 용도로만 운영하고, 고정형 영상정보처리기기에 대해 주로 범죄예방 및 수사·화재예방 등 특정 목적을 위해 허용하되, 학술연구·연구개발 등을 위한 경우에는 행정자치부가 허가하고, 이동형 영상정보처리기기는 촬영 장소 및 범위를 특정하기 어렵고 일상생활 전반에서 널리 활용되고 있음을 고려하여 인격권이나 사생활의 자유 등 타인의 자유와 권리를 부당하게 침해하지 않는 범위 내에서 운영하도록 하고, 관련 기준을 설정하여 국민의 개인영상정보 보호 강화가 기대된다.

또한 개인영상정보 처리 단계별 보호기준(안 제10조~제11조)과 관련해서 개인영상정보를 수집·이용 또는 제공할 수 있는 경우를 구체적으로 명시하고, 공개 장소 촬영 중 의도하지 않은 정보 수집이 발생하므로 사후적 열람 및 삭제 요구권 등 정보 주체의 권리를 보장하고, 공공기관이 개인영상정보를 당초 목적 외 용도로 이용하거나 제3자에게 제공한 경우 그 사실을 인터넷 홈페이지 등을 통해 공개토록 하여 개인영상정보의 관리를 투명하게 하고 오용·남용 우려를 예방하도록 했다.

그리고 개인영상정보의 수집 사실 표시(안 제12조)와 관련해 고정형 영상정보처리기기는 현재와 같이 안내판을 통해 수집 사실을 표시하고, 이동형 영상정보처리기기는 안내판, 불빛, 소리 등 가능한 수단으로 수집 사실을 표시토록 하되, 무인항공기(드론)와 같이 안내판, 불빛, 소리 등으로도 수집 사실 인식이 곤란한 경우는 대통령령으로 정하는 전자적 방식으로 표시하여 영상정보주체의 자기정보결정권을 강화하도록 했다.

  이밖에 개인영상정보 보호책임자 지정을 비롯해 사업자의 법 준수 여부 자체 점검 실시와 점검 결과의 행정자치부 신고, 지방자치단체의 영상정보 통합관제센터 운영, 영상정보주체의 개인영상정보의 열람 또는 출처확인 요구권·보관 요구권·삭제 또는 처리정지 요구권 등의 부여와 권리행사 방법 규정·행정자치부의 개인영상정보 침해신고센터 설치·운영 등으로 개인의 신속한 권리구제와 고충처리에 기여하고, 사회적 부작용을 예방하고 최소화할 것이 기대된다.

## 요약 정리

1. 개인정보는 살아 있는 개인에 관한 정보로서 개인을 알아볼 수 있는 정보이며, 해당 정보만으로는 특정 개인을 알아볼 수 없더라도 다른 정보와 쉽게 결합하여 알아볼 수 있는 정보를 포함한다.
2. 인터넷과 소셜미디어 시대는 정보가 사회의 중요한 자원으로 개인정보도 하나의 자원으로 중시되어 수집, 이용된다. 이 과정에서 개인정보의 오용과 악용으로 인한 피해를 줄이려면 개인정보보호가 필요하다.
3. 개인정보의 유형은 일반 정보, 신체적 정보, 정신적 정보, 재산적 정보, 사회적 정보, 통신위치 정보 등으로 분류된다.
4. 개인정보의 수집과 이용은 엄격한 조건에서 허용되는데, 요구한 정보는 반드시 약관에 명시하고, 정보 주체의 동의를 받고, 최소한의 정보만 수집하고, 수집된 정보는 안전하게 관리하고, 목적이 달성된 다음에는 폐기해야 한다.
5. 행정자치부의 개인정보 수집 최소화 가이드라인이 제시하는 기본 원칙은 필요 최소한의 개인정보 수집, 정보주체의 실질적 동의권 보장, 고유식별정보 및 민감정보 처리 제한 등 세 가지로 구성된다.
6. 개인정보 침해의 문제점으로 개인은 개인정보 유출로 정신적, 금전적 손해가 발생하고, 범죄에 노출될 수 있고, 기업은 이미지가 실추되고, 손해배상 시 손실이 발생하고, 국가는 정부와 공공 행정의 신뢰성과 국가 브랜드의 가치 하락 등이 있다.
7. OECD 프라이버시 가이드라인 여덟 가지 원칙은 우리나라에도 적용되는데 수집 제한의 원칙, 품질 보장의 원칙, 명확화의 원칙, 이용 제한의 원칙, 안전 보호의 원칙, 공개의 원칙, 개인 참여의 원칙, 책임의 원칙 등이 있다.
8. 개인정보가 인터넷상에서 검색되어 피해를 입을 경우, 인터넷 검색 업체는 피해자의 요구를 받아 해당 정보를 삭제해야 한다는 '잊혀질 권리'(the right to be forgotten)에 대한 논란이 2010년 제기되었고, 유럽연합과 우리나라는 이러한 요구를 법적으로 수용했다.

# 11장

# 정보보안

　11장의 주제는 정보와 정보시스템에 대해 허가를 받지 않은 채 접근, 위조, 변조, 유출, 훼손하는 행위로부터 보호하는 정보보안의 필요성과 확보 방안을 다룬다. 정보 시스템 외부와 내부의 사고, 의도적인 정보 변경 시도, 해킹, 컴퓨터 바이러스 등으로부터 정보를 안전하게 관리하는 원칙은 오직 인가된 사용자만이 접근하는 기밀성을 비롯해 결점이 없이 정확하고 완전한 정보를 유지하는 무결성과 대비책을 확보해 필요할 때 접근할 수 있는 가용성 등 세 가지가 제시된다. 정보보안을 위협하는 해킹, 악성코드, 랜섬웨어 예방의 기본 원칙은 비밀번호 수시 변경, 전화번호와 생년월일, 손쉬운 숫자 조합을 피할 것, 이메일과 파일 안전성 확인, 정품 소프트웨어 사용, 공식 사이드 위주로 Active X 설치, 개인용 방화벽 프로그램 설치, 백신 프로그램과 윈도우 보안패치 설치 등이 있다. 특히 랜섬웨어는 컴퓨터 파일을 암호화한 후 복구비용으로 금전의 지불을 요구하지만 회복이 어려울 수 있으므로 중요 문서와 파일의 백업과 별도 저장 등이 요구된다.

# 1. 정보보안의 형태

정보보안은 정보와 정보시스템에 대해 허가를 받지 않은 채 접근·위조·변조·유출·훼손하는 행위로부터 보호하는 것이다. 정보보안을 확보하기 위해서는 외부와 내부의 사고, 의도적인 정보 변경 시도·해킹·컴퓨터 바이러스 등으로부터 정보를 안전하게 관리해야 한다.

정보보안에 대한 다양한 정의로부터 공통적으로 추구되는 원칙으로 오직 인가된 사용자만이 접근하는 기밀성을 비롯해 결점이 없이 정확하고 완전한 정보를 유지하는 무결성과 대비책을 확보해 필요할 때 접근할 수 있는 가용성 등 세 가지를 들 수 있다. 주요 내용을 살펴보면 다음과 같다.

먼저 기밀성(confidentiality)은 허가 받은 사용자만이 정보를 읽도록 하는 것으로 권한 인증, 접근 통제, 데이터 암호화 등에 의해 확보될 수 있는데, 점검 사항으로 프라이버시를 보호하고 내용에 따라 정보 공개를 제한하는지를 비롯해 주민등록번호와 같은 개인정보와 비밀번호의 유출 방지를 위한 접근 통제 여부, 그리고 인가된 사용자에 한해서 접근 가능 등을 들 수 있다.

다음에 무결성(integrity)은 합법적인 사용자만 정보를 수정하도록 하고, 정보의 수신과 보관 과정에서 변경되지 않은 정확한 정보를 보장하도록 하는 것으로 접근과 물리적 통제에 의해 유지될 수 있으며 점검 사항으로 정보의 변조와 파괴의 방지, 데이터와 정보의 정확성과 완전성 유지 방안을 마련할 것 등이 있다.

끝으로 가용성(availability)은 허가된 사용자의 정보 시스템 접근과 사용 보장을 의미하는데 시스템 백업과 물리적 위협으로부터의 보호에 의해 유지될 수 있고, 점검사항으로 해킹으로 인한 시스템 동작 불능 예방 가능성 확보를 비롯해 적시에 사용 가능성 유지, 인가된 사용자의 서비스 거부 방지 등이 있다.

정보보안을 위협하는 형태에는 위조, 변조, 복제, 훼손 등이 있는데, 위조는 컴퓨터 시스템 내에 허위 자료를 설치하여 정상 자료로 만드는 것이고, 변조는 컴퓨터 내의 정보 내용 일부 또는 전부를 다른 내용으로 변경시키고, 유출은 허가받지 않은 사용자가 컴퓨터 시스템 내의 정보 내용에 접근하고, 복제하거나 외부로 옮겨서 악용하는 것이고, 훼손은 컴퓨터 시스템 내부의 정보와 소프트웨어, 운용 시스템 등의 일부 또는 전부를 변경, 파괴하여 보안을 무너뜨리거나 정상적인 작동을 하지 못하도록 하는 것이다(윤미선, 2016).

## 2. 해킹과 대응 방안

### 1) 해킹의 정의와 유형

해킹은 인터넷과 소셜미디어 등 컴퓨터 통신망을 통해 전자회로나 남의 컴퓨터의 하드웨어·소프트웨어·네트워크·웹 사이트 등 정보 시스템에 불법으로 침입하여 본래의 설계자나 관리자, 운영자가 의도하지 않은 동작을 일으키도록 하거나 저장된 정보, 프로그램을 불법으로 이용하거나 변경하고, 삭제하는 행위로서, 주로 활용되는 악성코드의 공격 기법이 지능화되고 침투 경로의 다양화로 인해 막대한 피해를 일으킬 수 있다. 악성코드, 분산 서비스 거부 공격, 지능형 지속 공격 등을 중심으로 알아본다.

첫째, 악성코드는 인터넷 서비스의 기능을 방해하는 해커의 명령을 수행하는 일종의 세균으로 앱 마켓, 전자 메일, SMS, P2P, 메신저, 이동형 저장장치 등을 감염 경로로 사용하여 금융정보 탈취, 악성코드 원격제어, 랜섬웨어, 파밍형 악성코드 등 다양한 형태로 발생, 활동하는데, 이용자의 PC 보안 환경이 취약할 경우 쉽게 감염된다. 랜섬웨어 악성코드는 PC에 있는 데이터 파일을 암호화 시켜서 볼 수 없게 만드는 피해를 준다.

둘째, 서비스 거부 공격(denial of service attack)은 특정 웹 사이트에 대량의 데이터를 보내 트래픽을 과도하게 발생시키고, 성능을 저하시키는데 더 심각한 공격 행동을 수행하는 분산 서비스 거부 공격(distributed denial of service)은 수십 대에서 수백만 대의 PC를 원격에서 동시에 조종해 특정 웹 사이트를 공격하여 서버를 마비시켜, 사용자들이 접근 및 사용을 불가능하게 만드는 것으로 주인 몰래 악성코드가 유입되어 일정한 시점에 해커의 명령을 받아 공격에 참여하는 컴퓨터를 좀비 PC라고 부른다.

셋째, 지능형 지속 공격 APT(advanced persistent threat)은 인터넷을 통해 특정 컴퓨터 시스템에 침투하여 활동 거점을 마련한 뒤에 필요시 중요한 정보를 외부로 유출하거나, 특정한 자료를 의도적으로 훼손하는 지능적 해킹 활동이다.

### 2) 해킹 피해 예방 방안

인터넷의 각종 유명사이트에서의 개인정보 유출과 피해 사례가 중단되지 않고, 지능화된 수법으로 그 피해가 커지는 상황에서 인터넷 이용자와 정보 서비스 기업, 정부의 대책 강화가 요구된다. 해킹을 예방하기 위한 기본 원칙으로 비밀번호는 수시로 변경하고, 전화번호와 생년월일, 손쉬운 숫자 조합은 피할 것, 이메일과 파일을 함부로 열지 말 것, 정품 소프트웨어를 사용할 것, 공식 사이트 외에 Active X를 가급적으로 설치하지 말 것, 개인용 방화벽 프로그램을 설치할 것, 백신 프로그램과 윈도우 보안패치를 설치할 것 등이 있다.

이와 함께 스마트폰을 통한 인터넷 접속이 증가하면서 해킹 예방의 필요성도 커지는데, 예방법으로 스마트폰과 USIM 카드에 반드시 비밀번호를 설정하고, 인터넷 주소가 포함된 문자메시지는 가급적 클릭하지 말고, 무료 와이파이(Wi-Fi) 존은 가급적 사용하지 않되 부득이 사용할 경우에는 전자상거래와 인터넷뱅킹은 하지 않을 것이 권장된다.

한편 게임이용자의 경우 인터넷 해킹으로 인한 피해가 빈번하게 발생하므로 각별히 주의할 것이 요구된다. 게임 제공 기업 넥슨(www.nexon.com)이 메이플스토리 게임의 해킹으로 인한 피해예방과 고객보호를 위해 제시한 10가지 개인정보보안 방안은 다음과 같다. 첫째, OTP 서비스 설정으로 휴대폰에서 1회용 비밀번호를 발급받아 로그인하는 이중보안 시스템이다. 둘째, 2차 비밀번호 설정 및 변경으로 랜덤하게 셔플되는 키패드를 마우스로 입력하여 추가 비밀번호를 설정하여 악성프로그램으로부터 정보가 유출되는 것을 방지해 주는 이중 비밀번호 서비스다. 셋째, 주기적인 비밀번호 변경으로 정기적으로 아이디 및 게임 계정의 비밀번호를 변경하되 타인이 쉽게 유추할 수 없는 영문과 숫자, 특수문자를 조합한 6자리 이상의 비밀번호를 사용하는 것이 안전하다. 넷째, 계정 정보 변경으로 다른 사이트에서 사용하는 이메일 정보 및 비밀번호가 아이디와 동일할 경우 비밀번호 찾기 서비스 등에 악용 될 수 있으므로 주의해야 한다. 다섯째, 계정 공유로 인한 해킹피해가 실제로 많이 발생 되므로 본인의 계정은 본인만 사용할 수 있도록 하며, 친구 또는 주변 사람들과 아이디와 비밀번호를 함께 사용하는 것을 삼가야 한다. 다섯째, 개인 PC 보안 업데이트로서 "키보드 보안"과 "방화벽" 설치로 안전하게 아이디와 비밀번호를 보호하고, 모든 Windows 보안 패치를 항상 최신으로 유지한다. 일곱째, 공용PC 사용주의로 보안 프로그램을 확인하고, 사용 후 개인 PC에서 비밀번호를 변경해야 한다. 여덟째, 실행 파일(확장자가 exe인 파일) 형식으로 배포되는 UI설치에 주의해야 하는데 열람 또는 저장 전에 안전 여부를 확인하지 않을 경우 이용자의 계정 정보를 유출하는 키로거 프로그램이 포함될 수 있기 때문이다. 키로거는 다른 사람의 개인정보 절도에 사용되는데, PC에 잠복했다가 이용자가 키보드로 입력하는 내용을 가로채 유포자에게 전송하는 악성 프로그램이다. 아홉째, 국내외 유명기관으로 위장한 사이트로 아이디와 비밀번호 입력을 유도하는 피싱사이트를 주의해야 한다. 열째, 매크로 및 불법프로그램은 종종 실행 파일 형식으로 바이러스와 악성코드를 포함하여 설치되므로 사용을 금지해야 한다.

## 3. 악성코드와 대응 방안

### 1) 악성코드

악성코드는 컴퓨터와 정보시스템에 고장을 일으키고, 사용을 방해하는 나쁜 목적을 갖고 실행하는 소프트웨어로 말웨어(malware, malicious software), 악성 프로그램(malicious program)으로 불리기도 한다. 악성코드의 유형으로 바이러스(virus)·웜 바이러스(worm virus)·트로이목마 등이 있고, 넓은 의미에서 유해한 기능을 수행하는 스파이웨어와 애드웨어를 포함시키기도 한다.

먼저 바이러스는 특정한 파일의 실행 명령어와 데이터에 악성 코드나 또는 변형된 악성코드를 복제하여 감염시키고, 실행과 동작을 통해 다른 대상의 감염과 확산으로 이어지는 악성코드의 대표이자 전형적인 유형이다.

최초의 컴퓨터 바이러스인 크리퍼Creeper) 바이러스는 1971년에 등장했고, 이를 치료하는 백신프로그램으로 리퍼(reaper)가 제작됐는데, 초기에 디스크와 USB 복제 등 저장매체를 통한 전파에서 지금은 인터넷 이메일의 첨부파일과 웹 페이지 검색, P2P 서비스 이용, 셰어웨어 사용, 불법복제 프로그램 사용, 내부자(해커)의 직접 설치, 메신저 파일, 감염된 저장매체, 컴퓨터 공동사용, 악성코드를 배포하는 URL 주소(웹 사이트), 공유 폴더와 네트워크 드라이브 공유, 보안에 취약한 웹 브라우저 사용 등 다양한 방식으로 바이러스가 침투해 감염된다.

주요 증상은 파일 삭제, 이메일 자동발송, 개인정보 유출, 네트워크 트래픽 발생, 시스템 성능 저하와 정지, 원격 제어, 부팅 시간 지연과 오작동, 프로그램 실행 지연과 정지, 메모리 용량 감소, 파일 용량 급증·삭제·일자 변경, 디스크의 불량 섹터 증가, 에러 메시지 증가 등이 나타난다.

다음에 웜 바이러스는 다른 프로그램을 감염시키지 않고, 스스로 또는 변형되면서 복제하는 악성 프로그램으로 기억장치에 코드 형태나 또는 실행파일로 존재하다가 실행되면 코드와 파일 자체를 다른 시스템에 복사한다. 이메일과 채팅 채널 등을 통해 전파된다.

또한 트로이목마는 컴퓨터의 프로그램 내에 사용자가 모르게 프로그래머가 고의로 포함시킨 명령어의 조합으로 프로그램의 버그(bug)처럼 고의 없이 우연히 포함된 오류와 구별되고, 스스로 복사하지 않으므로 바이러스나 웜과 다르게 작동한다. 해킹 기능이 있는 프로그램을 다운로드하면서 감염되는데 해커가 컴퓨터를 원격으로 조작하는 백도어(back door) 프로그램을 통해 침입하여 신용카드 번호와 비밀번호를 탈취하는데 사용한다.

이밖에 유해가능 프로그램(potentially unwanted program)과 스파이웨어(spyware), 애드웨어(adware) 등은 악성코드와 유사하지만 직접 악용되기 보다는 다른 악성코드와 연결되거나 또는 해커에 의한 악용 가능성이 있으므로 주의해야 한다. 스파이웨어는 주로 금융정보를 알아내는데 이용되고, 애드웨어는 이용자의 동의를 받지 않고, 컴퓨터 시스템에 광고를 나타내는 프로그램을 작동시키지만 개인정보를 수집하지는 않는다.

### 2) 악성코드의 예방과 대응 방안

악성코드 예방을 위해서는 의심스러운 웹 사이트 방문을 삼가하고, 잘 모르는 사람이 보냈거나 수상한 이메일을 열지 말고, 메신저로 오는 인터넷 주소나 첨부 파일을 함부로 접속하거나 열지 않는 것이 좋다. 또한 보안등급을 설정하고, 불법복제를 하지 않으며, 통합보안프로그램을 설치해 항상 최신 버전으로 유지하고 실시간 감시 기능을 작동해야 한다.

악성코드 감염 예방법을 구체적으로 살펴보면 다음과 같다.

첫째, 출처 불분명 파일과 프로그램을 열어보거나 사용하지 않는 것으로 동영상과 그림파일 속에 실행 명령이 압축된 악성코드가 유행하므로 확장자와 파일 형태를 확인할 필요가 있다.

둘째, 개인과 금융에 관한 과도한 정보 요구가 있을 경우 신중하게 대응해야 하는데, 위조된 금융 사이트로 방문을 유도한 후에 민감한 개인정보와 비밀번호 또는 금융거래 시 보안카드 번호 전체 입력을 요구할 경우 절대로 응해서는 안 된다.

셋째, 소프트웨어를 항상 최신으로 유지해야 하는데, 최근 악성코드가 소프트웨어 프로그램의 취약점을 파악·확인한 후 가장 약한 부분을 찾아내고, 그에 맞는 악성코드를 추가로 다운로드하게 하기 때문이다. 해커는 기존에 공개된 취약점을 지속적으로 공격에 이용하므로 컴퓨터 사용자는 윈도우·플래시·자바 등 서비스 애플리케이션의 최신 보안 업데이트를 적용해야 한다.

넷째, 백신 프로그램을 항상 최신으로 유지해야 한다. 악성코드가 끊임없이 변하므로 기존의 백신 프로그램으로 대처하는데 한계가 있기 때문이다. 이와 함께 보안 점검과 보안패치 등으로 정보 유출에 대비할 필요가 있다.

## 4. 랜섬웨어와 대응 방안

### 1) 랜섬 웨어

랜섬웨어는 랜섬(ransom, 몸값)과 소프트웨어(software)의 두 단어가 합쳐져서 생성된 단어로 악성코드가 통신망을 통해 연결된 컴퓨터에 침투하여 컴퓨터에 존재하는 중요 자료를 암호화하여 사용하지 못하게 하고, 암호화된 파일의 복구비용으로 컴퓨터 사용자에게 금전의 지불을 요구하는 악성코드다. 침투 목적이 금전적 이득에 있기 때문에 지속적으로 신종, 변종 랜섬웨어가 발생되는데, 진단과 치료를 위해 샘플을 수집해야 하므로 상당한 시간 동안 복구와 예방이 지연될 수 있다. 랜섬웨어의 감염 경로는 일반적인 악성코드 유입경로인 이메일 첨부파일, 토렌트, 파일공유 등을 비롯해 컴퓨터 취약점의 침투, 변조 웹 사이트, 뉴스와 유튜브 접근 등 다양하다.

랜섬웨어에 감염될 경우 나타나는 증상은 유형에 따라 상이할 수 있는데, 먼저 랜섬웨어 감염 컴퓨터에서 암호화를 수행하는 악성파일을 생성하며 해당 악성파일이 부팅 시 자동 실행되도록 설정해 놓았다가 컴퓨터 부팅 시 악성파일 동작으로 작동 속도가 느려지고, 랜섬웨어가 실행된 흔적과 시스템복원 시점 등을 삭제하고 해당 컴퓨터와 공유된 모든 경로에서 접근되는 문서와 사진 파일을 암호화한다. 부팅과 함께 금전요구 안내가 자동으로 나타나지 않고, 암호화된 파일이 공유 폴더에 존재하는 경우 폴더를 공유하는 다른 컴퓨터도 감염될 수 있다.

### 2) 랜섬웨어의 예방과 대응 방안

랜섬웨어로 암호화된 파일을 복구하는 암호 해제(복호화)를 위해서는 국내외 온라인 금융, 공공기관이 주로 사용하는 보안성이 높은 암호화 방식인 RSA 2048을 풀어야 하지만 해커가 보유한 복호화 키(key)가 없을 경우 사실상 복호화가 불가능하다. 왜냐하면 숫자와 알파벳 조합의 64자리 암호를 걸어놓아, 계산해야 되는 '경우의 수'가 16의 64제곱으로 78자리 사례이므로 슈퍼컴퓨터를 동원하여 해독해도 수십 년이 걸리기 때문이다.

파일 복구를 위해 윈도우에서 기본적으로 제공하는 시스템 복원에서 랜섬웨어 감염 이전으로 복원 지점이 생성되어 있어야 하는데, 새로운 랜섬웨어는 해당 컴퓨터의 시스템복원 시점도 삭제하므로 이러한 방법의 복구가 어려울 수 있다.

랜섬웨어를 유포한 해커에게 비용을 지불할 경우 복호화 키를 포함한 복호화 툴을 제공 받아야 하는데, 해커가 돈만 받고 약속을 지키지 않기도 하고, 비용을 지불하는 관행이 랜섬웨어의 제작과 유포를 확대시키고, 그로 인해 다시 피해가 커지는 악순환이 우려된다. 랜섬웨어의 예방책은 다음과 같다.

첫째, 컴퓨터 운영체제와 각종 응용프로그램의 최신 보안 업데이트를 진행한다.

둘째, 신뢰할 수 없는 이메일 첨부파일의 다운로드를 금지하고, 송신자와 출처가 불분명한 메일을 삭제하고, 호기심을 끄는 메일 제목일 경우에 발신인을 확인하여 의심이 가면 클릭해서는 안 된다.

셋째, 토렌트와 같은 파일 공유 프로그램을 사용하고 다운로드할 경우 랜섬웨어 감염 사례가 많으므로 주의해야 한다.

넷째, 개인 블로그 사이트의 게시물과 첨부 파일을 신뢰할 수 없을 경우, 감염 위험이 크므로 이용에 신중해야 한다.

다섯째, 중요 문서와 파일의 경우 해당 시스템 이외의 별도 외장하드 등의 저장 공간에 백업하고, 해당 시스템에 저장할 경우 압축파일로 암호화하는 등 훼손에 대비한 백업이 필수적이다.

랜섬웨어는 기업 활동에 큰 피해를 준다. 따라서 기업의 대응방안이 더욱 강화될 필요가 있다. 구체적인 기업의 대응 강화 방안으로 ① 백업체계 구축 및 운영을 통한 보안성 강화로 네트워크가 분리된 외부 저장 장치를 이용하여 주요 자료 백업 및 별도 보관, ② 스팸메일 보안 솔루션을 통한 스팸 메일 차단, ③ 패치관리 시스템 등의 보안장비를 이용한 임직원 PC 보안 업데이트, ④ 주기적인 임직원 및 일반사원에 대한 보안교육 실시 등이 제시된다(www.boho.or.kr).

## 요약 정리

1. 정보보안은 정보와 정보시스템에 대해 허가를 받지 않은 채 접근·위조·변조·유출·훼손하는 행위로부터 보호하는 것이다. 정보보안을 확보하기 위해서는 외부와 내부의 사고, 의도적인 정보 변경 시도, 해킹, 컴퓨터 바이러스 등으로부터 정보를 안전하게 관리해야 한다.

2. 정보보안의 세 원칙은 오직 인가된 사용자만이 접근하는 기밀성을 비롯해 결점 없이 정확하고 완전한 정보를 유지하는 무결성과 대비책을 확보해 필요할 때 접근할 수 있는 가용성 등이다.

3. 정보보안을 위협하는 위조·변조·복제·훼손 등을 설명하면 위조는 컴퓨터 시스템 내에 허위 자료를 설치하여 정상 자료로 만들고, 변조는 컴퓨터 내의 정보 내용 일부 또는 전부를 다른 내용으로 변경시키고, 유출은 허가받지 않은 사용자가 컴퓨터 시스템 내의 정보 내용에 접근, 복제하거나 외부로 옮겨서 악용하고, 훼손은 컴퓨터 시스템 내부의 정보와 소프트웨어, 운용 시스템 등의 일부 또는 전부를 변경, 파괴하여 보안을 무너뜨리거나 정상적인 작동하지 못하도록 하는 행위를 각각 말한다.

4. 해킹은 인터넷과 소셜미디어 등 컴퓨터 통신망을 통해 전자회로나 남의 컴퓨터의 하드웨어, 소프트웨어, 네트워크, 웹 사이트 등 정보 시스템에 불법으로 침입하여 본래의 설계자나 관리자, 운영자가 의도하지 않은 동작을 일으키도록 하거나 저장된 정보, 프로그램을 불법으로 이용하거나 변경하고, 삭제하는 행위다.

5. 해킹 예방의 기본 원칙으로 비밀번호 수시 변경, 전화번호와 생년월일, 손쉬운 숫자 조합 피할 것, 이메일과 파일 안전성 확인, 정품 소프트웨어 사용, 공식 사이트 위주로 Active X 설치, 개인용 방화벽 프로그램 설치, 백신 프로그램과 윈도우 보안패치 설치 등이 있다.

6. 악성코드는 컴퓨터와 정보시스템에 고장을 일으키고, 사용을 방해하는 나쁜 목적을 갖고 실행하는 소프트웨어로 말웨어(malware, malicious software), 악성 프로그램(malicious program)으로 불리기도 한다. 악성코드의 유형으로 바이러스(virus), 웜 바이러스(worm virus), 트로이목마 등이 있다.

7. 악성코드 예방 방안으로 의심스러운 웹 사이트 방문을 삼가하고, 잘 모르는 사람이 보냈거나 수상한 이메일을 열지 말고, 메신저로 오는 인터넷 주소나 첨부 파일을 함부로 접속하거나 열지 않는 것이 좋다. 또한 보안등급을 설정하고, 불법복제를 하지 않으며, 통합보안프로그램을 설치해 항상 최신 버전으로 유지하고 실시간 감시 기능을 작동해야 한다.

8. 랜섬웨어는 랜섬(ransom, 몸값)과 소프트웨어(software)의 두 단어가 합쳐져서 생성된 단어로 악성코드가 통신망을 통해 연결된 컴퓨터에 침투하여 컴퓨터에 존재하는 중요 자료를 암호화하여 사용하지 못하게 하고, 암호화된 파일의 복구비용으로 컴퓨터 사용자에게 금전의 지불을 요구하는 악성코드다.

9. 랜섬웨어의 예방 방안으로 최신 보안 업데이트, 의심스런 이메일 첨부파일과 다운로드 금지, 파일 공유 프로그램 주의, 중요 문서와 파일의 백업과 별도 저장 등이 요구된다.

## ▣ 참고문헌

### 1. 국문자료

과학기술정보통신부(2017). 『2017 국가정보화 연차보고서』.

권상희(2008). 『디지털문화론』. 성균관대학교 출판부.

나은영(2015). 『인간커뮤니케이션과 미디어: 소통공간의 확장』. 한나래출판사.

김민정, 정종혁(2013). Gaussian Mixture Model과 프레임 단위 유사도 추정을 이용한 유해동영상 필터링 시스템 구현. 『한국지능시스템학회 논문지』. 23(2), 184-189.

김수아(2014). 소셜 웹 시대 팬덤 문화의 변화. 『사이버커뮤니케이션학보』. 31(1), 45-94.

미래창조과학부(2015). 『국가정보화에 관한 연차보고서』.

미래창조과학부, 한국정보화진흥원(2016). 『2016년 디지털정보격차 실태조사』.

박성길(2003). 「청소년 인터넷 과다사용의 위험요인 분석」. 서울대학교 대학원 석사학위 논문.

방송통신심의위원회(2011). 『학부모대상 사이버 권리 침해 예방 가이드』.

성동규, 라도삼(2000). 『인터넷과 커뮤니케이션』. 한울아카데미.

송민규(2004). 매체 국어학의 제 양상: 사이버언어 연구의 몇 문제. 『우리어문연구』 21권, 55-83.

안병섭(2004). 사이버 언어의 대화 특징 연구: 형식적인 측면을 중심으로. 『한국학연구』. 제20집, 73-105.

오세연·곽영길 (2013). 사이버 불링을 통한 학교폭력의 실태와 대응방안에 관한 연구. 『한국치안행정논집』. 10(3), 65-88.

조윤오. (2013). 사이버불링 피해가 청소년의 비행에 미치는 영향: 우울감의 매개효과. 『청소년학연구』. 20(10), 117-142.

윤미선(2016). 『디지털 사회의 인터넷윤리』. 앤아이컴즈.
이승민·정이형·송근혜(2017). 『ECOsight 2017: Socio-Tech 10대 전망』. 한국전자통신연구원(ETRI).
이시훈(2004). 인터넷 통신언어의 사용 현황과 인식에 관한 연구. 『언론과학연구』. 4(1), 177-211.
이윤희(2014). 국내 SNS의 이용 현황과 주요 이슈 분석. 『Internet and Security Focus』. 2014.8.
이정복(2003). 『인터넷 통신 언어의 이해』. 월인.
이정복(2011). 인터넷 통신 언어 실태와 세대 간 의사소통의 문제. 『배달말』. 49권, 29-69.
이진로(1999). 『정보사회의 이데올로기』. 커뮤니케이션북스.
임상수(2013). 사이버 불링의 이해와 법률적, 교육적 대응책. 『한국윤리교육학회 2013년도 추계학술대회논문집』(2013.11). 26-60.
장재홍·유정이·권해수·김형수·최한나(2002). 『청소년 인터넷 과다사용 예방 프로그램 개발』. 한국청소년상담원.
정보통신부(2006). 『정보통신백서』
조정우(2002). 『학교 교육을 통한 정보화 역기능 대응 방안 연구』. 한국교육학술정보원.
최희식·김상균(2016). 『인터넷 윤리』. 한빛아카데미.
한국인터넷진흥원(2017). 『2016 인터넷이용실태조사 요약보고서』.
한국정보문화진흥원(2004). 『선생님과 함께 하는 깨끗한 정보 세상』. 한국정보문화진흥원.
한국정보화진흥원(2012). 『건강한 우리 스마트 세상(교사용 지도서)』
한희정(2015). 『사이버불링』. 커뮤니케이션북스.
행정자치부, 한국인터넷진흥원(2016.11). 『개인정보 수집 최소화 가이드라인』.
SK 커뮤니케이션즈(2013). 보도자료 : SNS 피로 느끼는 이유 1위 "사생활 노출될까 걱정", 2013. 8.21.

## 2. 영문자료

Coloroso, B. (2008). The bully, the bullied, and the bystander. Harper. 염철현 역(2013). 『괴롭히는 아이 당하는 아이 구경하는 아이: 학교폭력의 이해와 예방을 위한 실천방법』. 한울아카데미.

Forsyth, D. R. (1999). Group dynamics (3rd ed.). Wadsworth. 고재홍, 구자숙, 구정숙, 김혜숙, 나은영, 남기덕, 안미영, 이진환, 홍기원 역(2001). 『집단역학』. 시그마프레스.

Franek, M. (2005/2006). Foiling cyber bullies in the new wild west. Educational Leadership. 63, 39-43.

Gere, C. (2004). Digital Culture. Reaktion Books. 임산 역 (2006). 『디지털문화 - 튜링에서 네오까지』. 루비박스.

iCrossing (2008). What is Social Media? http://icrossing.com

Janis, I. L. (1972). Victims of groupthink. Houghton-Mifflin.

Kowalski, R. M., Limber, S. P. & Agatston, R. W. (2012). Cyberbullying: bullying in the digital age. Wiley-Blackwell Publishing Ltd.

Levy, Pierre(1997). Cyberculture. Les Editions Odile. Paris. 김동윤, 주준형 역. 『사이버 문화』. 문예출판사. 9-22.

Mishna, F., Khoury-Kassabri, M., Gadalla, T., and Daciuk., J. (2012). Risk factors for involvement in cyber bullying: victims, bullies, and bully-victims. Children and Youth Service Review, 34. 63-70.

Nussbaum, M. (2010). Not for profit. Princeton University Press. 우석영 역 (2011). 『공부를 넘어 교육으로』. 궁리.

Rifkin, J. (1995). The End of Work. 이영호 역(1996). 『노동의 종말』. 민음사.

Rinaldi, A. (1992). The Net: User Guidelines and Netiquette. http://www.shentel.net/general/tiquette.html

Schwab, Klaus(2016). The Fourth Industrial Revolution. World Economic Forum. 송경진 역(2016). 『제4차 산업혁명』. 새로운현재.

Shea, V. (1994). Netiquette. Albion Books.

Strom, P. S., & Strom, R.D. (2005), When teens turn cyberbullies. The

Education Digest. 71(4), 35-41. Retrieved from fhttp://eric.ed.gov/?id=EJ741205

Spinello, R. (1994). Ethical Aspects of Information Technology. Pearson. 황경식·이창후 역(2002). 『정보기술의 윤리』. 철학과현실사.

Vandebosch, H., & Van Cleemput, K. (2009). Cyberbullying among youngsters: profiles of bullies and victims. New Media and Society, 11, 1349-1371.

Ward, Mike(2002). Journalism Online. Focal PRess. 이용준 역(2003). 『온라인 저널리즘』. 건국대학교 출판사.

Welner, M. (2010). Child Sexual Abuse: 6 Stages of Grooming. http://www.oprah.com/oprahshow/child-sexual-abuse-6-stages-of-grooming/all#ixzz51T0PsFQA

Young, K. S.(1998). Caught in the Net,: How to recognize the signs of Internet Addiction and a winning strategy for recovery, New York: John Wiley & Sons, Inc., 김현수 역(2000), 『인터넷 중독증』, 나눔의 집.

Young, K. S. (1999). Cyber-Disorders: The Mental Health Concern for the New Millennium. Press for CyberPsychology and Behavior of 107th APA convention. http://netaddiction.com/articles/ cyberdisorders.htm

# 찾아보기

**【ㄱ】**
가용성(availability) 198
개인영상정보 193, 194
개인정보 168, 171, 174, 175, 176, 178, 190
개인정보보호 169, 179, 182, 183, 187, 192
개인정보 수집 172, 173
개인정보 침해 169, 181
개인정보보호법 177, 178, 181
개인정보의 개념 168
개인정보의 비식별 조치 184
개인정보의 수집과 이용 172
거북목 증후군 94
검색 중독 29
게임 27
게임중독진단 97
경찰 109
경찰청 사이버안전국 124
고유식별정보 176, 177
공유 33
과몰입 92
과학기술정보통신부 78
국가기밀 누설 104
국가보안법 위반 104
국가정보화기본법 83, 99
그루밍(grooming, 길들이기) 29
그루밍과 성범죄 28

기밀성(confidentiality) 198
기술 중심론 38

**【ㄴ】**
내용 기반 차단 기술 115
네카시즘 58
네티즌 58
네티즌 기본 정신 62
네티즌 윤리강령 61, 62
네티켓(netiquette) 61, 63, 64, 66
뉴스 어뷰징(abusing) 34

**【ㄷ】**
다중접속역할수행 게임(MMORPG) 29
대리만족 92
도박 104
디지털 기술 39, 42
디지털 디바이드(digital divide) 17
디지털 리터러시 30
디지털 문화 38, 39, 40
디지털 사회 10
디지털 정체성 48
디지털 혁명 48
디지털시민 의식(digital citizenship) 21
디지털정보격차 78
디지털화 10

## 【ㄹ】
랜섬웨어 205

## 【ㅁ】
메모리해킹 130, 146, 147
메카시즘(McCarthyism) 58
명예훼손 104
모바일 게임 16
모바일 인터넷 이용률 13
몸캠피싱 130
무결성(integrity) 198
문화 중심론 38
미디어 리터러시 31
민감정보 176

## 【ㅂ】
바이러스 104, 203
방송통신심의위원회 109, 112, 116
방화벽 202
범죄관련 정보 105
보안프로그램 191, 202
분산 서비스 거부 공격 200
불법 유해 정보 104, 119
불법 콘텐츠 136, 137
불법정보 104
불법콘텐츠 133
불평등 77
비식별 조치 184, 186
비트(bits) 10
비행행동 28
빅데이터 50, 186

## 【ㅅ】
사물인터넷 50, 51

사이버 공동체 24, 25, 26
사이버 금융 범죄 129
사이버 명예훼손 135, 139
사이버 범죄 124, 141
사이버 범죄의 예방 방안 148
사이버 언어 58, 59
사이버 저널리즘 33
사이버 저작권 132
사이버 중독 88
사이버 폭력의 주요 쟁점 138
사이버 폭력의 특징 137
사이버도박 135
사이버불링 139, 140
사이버스토킹 104, 136
사이버음란물 134
사행행위 104
서비스 거부 공격(DDoS) 126, 200
선별 소프트웨어 111
소셜미디어 65, 66
소셜미디어 네티켓 65
소외 계층 77
숙의 33
스마트쉼센터 99
스마트폰 14, 98
스마트폰 보유자 13
스마트폰 이용자 13
스마트폰 인터넷 이용률 13
스마트폰 중독 91, 100
스미싱 피해 구세 절차 143, 144
스미싱(Smishing) 130
스파이웨어(spyware) 204
스팸메일 132
시민의식 31
시스템 침입 200
실재 공동체(real community) 24

쌍방향 10

**【ㅇ】**
아날로그 10
악성코드 202, 204
악성프로그램 126
애드웨어(adware) 204
온라인 게임 중독 91
온라인 금융거래 149
온라인 대화 68
온라인 도박 중독 91
온라인 쇼핑 중독 91
온라인 저널리즘 33
워터마킹(watermarking) 162
웜 바이러스 203
웨어러블 14
웨어러블(wearable) 인터넷 49
웹 접근성 81, 82, 83, 84
웹 접근성 인증제도 85
웹 접근성 제고 83
웹1.0 30
웹2.0 30
웹3.0 30
웹툰(web-toon) 41
위치정보 132
유비쿼터스(ubiquitous) 50
유해 동영상 차단 114
유해정보 113
음란 104
음란물 27
이메일 148
이메일 네티켓 67
인터넷 11
인터넷 게임 70
인터넷 네티켓 67

인터넷 사기 128
인터넷 신문 34
인터넷 윤리 18, 19, 34
인터넷 음란물 중독 91
인터넷 이용목적 13
인터넷 이용시간 12
인터넷 이용행태 12
인터넷 저널리즘 33, 34
인터넷 중독 88, 89, 90, 92, 96, 99
인터넷 중독 증상 93
인터넷 중독의 유형 90
인터넷 중독의 진단 95
인터넷 채팅 중독 91
인터넷 해킹 201
인터넷내용등급서비스 115, 116
인터넷이용자 12
잊혀질 권리 188

**【ㅈ】**
자율 20
장애인 복지법 82
저작권 152, 155
저작권 보호 164
저작권 침해 158, 161, 162
저작권 침해 유형 160
저작권법 152
저작권의 보호 기간 152
저작권의 제한 156
저작물 163
저작물 이용단계 164
저작인격권 153
저작인접권 155
전기통신금융사기 131
전자금융거래법 146
정보 검색 중독 91

정보 과잉  18
정보 접근성  85
정보격차  75, 76, 77, 79
정보격차 해소  80
정보공급자  56
정보관리자  56, 57
정보기기 보급 확대 사업  80
정보보안  198, 199
정보보호  181
정보사회  32
정보사회 윤리  19
정보사회의 문제점  17
정보사회의 문화  39
정보사회의 부작용  27
정보생산자  56, 57
정보수용자  56, 57
정보의 삭제요청  188
정보제공자  56, 57
정보주체의 동의  175
정보통신망  124, 127, 132, 133
정보통신망 이용 범죄  127
정보통신망 침해형 범죄  126, 127
정보화 교육과  81
정의  20
제4차 산업혁명  48
존중  20
주민등록번호  176, 177, 187
지능형 지속 공격  200
지적재산권  153, 154
집단 극화(polarization)  25
집단사고(group think)  25, 26
집단지성  29

【ㅊ】
차단 기술  111

참여  33
창의  33
청소년 보호법  35
청소년 유해 정보  105
청소년보호법  105, 106, 108
청소년보호책임자  117
청소년유해매체물  104, 106
청소년유해정보  118

【ㅋ】
컨버전스(convergence)  40
컨버전스(융합)  41
컴퓨터 프로그램  157, 161
키워드 기반 차단 기술  114
키치(kitsch) 문화  40

【ㅌ】
통신중계 서비스  80
트로이목마  203

【ㅍ】
파밍(Pharming)  130
패러디(parody) 문화  40
팬덤(fandom) 문화  41
포렌식마킹(Forensic Marking)  162
프라이버시 보호  178
피싱(Phishing)  129, 145
피싱 피해 구제  144
피해 구제  144, 146, 147
피해 구제 절차  143, 147
피해금지  20
피해자 구제 제도  143
필터링 기능  113

## 【ㅎ】

한국인터넷진흥원 109, 181
한국저작권위원회 159, 163
한국전자통신연구원 43
한국정보화진흥원 78, 99
해시 목록 기반 차단 기술 114
해킹 104, 125, 199
해킹 피해 예방 방안 200
행정자치부 192
현실 도피 92
현실 도피 단계 93

B급 문화 40
DRM(digital rights management) 162
SNS 15
SNS 이용자 15, 16
VDT(visual display terminal) 증후군 94

## 저자 이진로

영산대학교 매스컴학부, 신문방송학과, 광고홍보학과 교수를 역임했고, 현재는 빅데이터광고마케팅학과 교수이다.
서울대학교 언론정보학과를 졸업하고 같은 학교에서 석사학위, 경희대학교에서 신문방송학 박사학위를 받았다. 미국 퍼듀(Purdue)대학교 커뮤니케이션학과 방문학자, 한국소통학회 회장, 미디어공공성포럼 운영위원장, KBS 시청자위원과 뉴스옴부즈맨위원을 거쳤다. 정보사회에서 미디어의 정치, 경제, 사회적 영향을 분석하고 커뮤니케이션의 본질과 현상을 통찰하는 연구를 수행한다.
저서로『정보사회의 이데올로기』(1999),『정보사회 입문: 국가, 기업, 시민과 민주주의』(2008),『방송학개론』(공저, 2013 개정판)이 있으며,
논문으로 "사이버 커뮤니티(가상 공동체)의 민주주의적 가능성과 한계에 관한 연구"(2002), "한국 지역신문 경영 구조 분석 및 개선 모델 연구"(2004), "미디어 지형의 변화와 민주적 소통"(2007), "선거보도의 문제점과 개선방향에 관한 연구"(2012)이 있다. lee2jr@hanmail.net leejr@ysu.ac.kr


정보사회의 윤리와 현실
초판 1쇄 2017년 12월 26일
초판 2쇄 2020년 12월 30일
저　　자 이 진 로
발 행 인 권 호 순
발 행 처 시간의물레
등　　록 2004년 6월 5일
등록번호 제1-3148호
주　　소 서울시 은평구 중산로17길 31, 401호
전　　화 02-3273-3867
팩　　스 02-3273-3868
전자우편 timeofr@naver.com
블 로 그 http://blog.naver.com/mulretime
홈페이지 http://www.mulretime.com
정　　가 15,000원

ISBN 978-89-6511-209-9(93300)

이 도서의 국립중앙도서관 출판예정도서목록(CIP)은 서지정보유통지원시스템 홈페이지(http://seoji.nl.go.kr)와 국가자료공동목록시스템(http://www.nl.go.kr/kolisnet)에서 이용하실 수 있습니다.(CIP제어번호: CIP2017034809)

★ 이 연구는 2017년 영산대학교 교내연구비의 지원을 받아 수행되었음.